大方廣佛華嚴經 讀誦

19

🪷 일러두기

1. 『독송본 한문·한글역 대방광불화엄경』은 실차난타가 한역(695~699)한 80권 『대방광불화엄경』의 한문 원문과 한글역을 함께 수록한 것이다. 한문에는 음사와 현토를 부기하였다.

2. 원문의 저본은 고종 2년(1865) 월정사에서 인경한 고려대장경 『대방광불화엄경』에 한암 스님이 현토(1949년)한 것을 범룡 스님이 영인 출판(1990년)한 『대방광불화엄경』이다.

3. 한문은 저본에서 누락되었거나 글자가 다르다고 판단된 부분은 저본인 고려대장경 각권의 말미에 교감되어 있는 내용을 중심으로 하고 봉은사판 『대방광불화엄경수소연의초』와 신수대장경 각주에서 밝힌 교감본을 참조하여 보입하고 수정하였다.

4. 한글 번역은 동국역경원에서 발간한 한글 『대방광불화엄경』(운허)을 중심으로 하고 『신화엄경합론』(탄허)과 『대방광불화엄경 강설』(여천무비) 그리고 최근의 여타 번역본 등을 참조하였다.

5. 저본의 원문에서 이체자의 경우 혼글이 제공하는 이체자는 그대로 살리고 혼글이 제공하지 않는 글자는 통용되는 정자로 바꾸었다. 예) 間 → 閒 / 焰 → 㷿 / 宫 → 宮 / 儞 → 稱

6. 한글 번역은 독송과 사경을 위하여 정확성과 아울러 가독성을 고려하였다. 극존칭은 부처님과 불경계에 대해서만 사용하였다.

7. 독송본의 차례는 일러두기 → 본문 → 화엄경 목차 → 간행사의 순차이다.
   (법공양판에는 간행사 다음에 간행불사 동참자를 밝혀 두었다.)

8. 독송본의 한글역은 사경의 편의를 도모하기 위해 그 편집을 달리하여 『사경본 한글역 대방광불화엄경』으로 함께 간행한다. 독송본과 사경본 모두 80권 『대방광불화엄경』의 권별 목차 순으로 간행한다.

독송본 한문·한글역

대방광불화엄경 제19권

大方廣佛華嚴經 卷第十九

19. 승야마천궁품

昇夜摩天宮品 第十九

20. 야마궁중게찬품

夜摩宮中偈讚品 第二十

21. 십행품 [1]

十行品 第二十一之一

실차난타 한역
수미해주 한글역

19

大方廣佛華嚴經第十九卷變相周

대방광불화엄경 제19권 변상도

대방광불화엄경
제19권

19. 승야마천궁품

대방광불화엄경 권제십구
大方廣佛華嚴經 卷第十九

승야마천궁품 제십구
昇夜摩天宮品 第十九

이시　여래위신력고　시방일체세계일일사
爾時에 如來威神力故로 十方一切世界一一四

천하　남염부제　급수미정상　개견여래
天下의 南閻浮提와 及須彌頂上에 皆見如來가

처어중회　　피제보살　실이불신력고　이
處於衆會어시든 彼諸菩薩이 悉以佛神力故로 而

연설법　막불자위항대어불
演說法하야 莫不自謂恒對於佛이러라

1

대방광불화엄경 제19권

19. 승야마천궁품

그때에 여래의 위신력으로 시방 일체 세계의 낱낱 사천하의 남염부제와 수미산 정상에서 다 보니, 여래께서 대중모임 가운데 계시는데, 그 모든 보살들이 다 부처님의 위신력으로 법을 연설하며 항상 부처님을 대하고 있다고 스스로 생각하지 않는 이가 없었다.

이시 세존 불리일체보리수하 급수미산
爾時에 世尊이 不離一切菩提樹下와 及須彌山

정 이향어피야마천궁보장엄전
頂하시고 而向於彼夜摩天宮寶莊嚴殿하시니라

시 야마천왕 요견불래 즉이신력 어
時에 夜摩天王이 遙見佛來하고 卽以神力으로 於

기전내 화작보련화장사자지좌
其殿內에 化作寶蓮華藏師子之座하니라

백만층급 이위장엄 백만금망 이위
百萬層級으로 以爲莊嚴하고 百萬金網으로 以爲

교락 백만화장 백만만장 백만향장
交絡하고 百萬華帳과 百萬鬘帳과 百萬香帳과

백만보장 미부기상 화개만개 향개보
百萬寶帳으로 彌覆其上하고 華蓋鬘蓋와 香蓋寶

그때에 세존께서 일체 보리수 아래와 수미산 정상을 떠나지 아니하시고 저 야마천궁의 보배로 장엄한 궁전으로 향하셨다.

그때에 야마천왕이 멀리서 부처님께서 오시는 것을 보고 곧 신력으로 그 궁전 안에 보련화장 사자좌를 변화하여 만들었다.

백만 층으로 장엄하고 백만의 금그물로 서로 얽었고, 백만의 꽃 휘장과 백만의 화만 휘장과 백만의 향 휘장과 백만의 보배 휘장으로 그 위를 두루 덮었다. 꽃 일산과 화만 일산과 향 일산과 보배 일산도 각각 또한 백만씩 두루 펼

개   각역백만   주회포열   백만광명   이
蓋가 各亦百萬으로 周迴布列하고 百萬光明이 而

위조요
爲照耀하니라

백만야마천왕   공경정례   백만범왕   용
百萬夜摩天王이 恭敬頂禮하고 百萬梵王이 踊

약환희   백만보살   칭양찬탄
躍歡喜하고 百萬菩薩이 稱揚讚歎하니라

백만천악   각주백만종법음   상속부단
百萬天樂이 各奏百萬種法音하야 相續不斷하고

백만종화운   백만종만운   백만종장엄구운
百萬種華雲과 百萬種鬘雲과 百萬種莊嚴具雲과

백만종의운   주잡미부   백만종마니운
百萬種衣雲이 周帀彌覆하고 百萬種摩尼雲이

광명조요
光明照耀하니라

쳐놓았고, 백만 광명이 비쳐서 찬란하였다.

백만 야마천왕들이 공경하여 정례하고, 백만 범왕들이 환희하여 뛰놀고, 백만 보살들이 소리 높여 찬탄하였다.

백만 가지 하늘 악기가 각각 백만 가지 법음악을 연주하여 계속해서 끊이지 아니하며, 백만 가지 꽃구름과 백만 가지 화만구름과 백만 가지 장엄구구름과 백만 가지 옷구름이 두루두루 덮었고, 백만 가지 마니구름이 광명을 비추어 찬란하였다.

백만 가지 선근으로 생긴 것이며, 백만 모든 부처님께서 보호해 지키신 것이며, 백만 가지

종백만종선근소생　　　백만제불지소호지
從百萬種善根所生_{이며} 百萬諸佛之所護持_며

백만종복덕지소증장　　　백만종심심　　백만
百萬種福德之所增長_{이며} 百萬種深心_과 百萬

종서원지소엄정　　　백만종행지소생기　　백
種誓願之所嚴淨_{이며} 百萬種行之所生起_며 百

만종법지소건립　　　백만종신통지소변현
萬種法之所建立_{이며} 百萬種神通之所變現_{이라}

항출백만종언음　　　현시제법
恒出百萬種言音_{하야} 顯示諸法_{이러라}

시　　피천왕　　부치좌이　　향불세존　　곡궁
時_에 彼天王_이 敷置座已_에 向佛世尊_{하야} 曲躬

합장　　공경존중　　이백불언
合掌_{하며} 恭敬尊重_{하고} 而白佛言_{하시니라}

선래세존　　　선래선서　　　선래여래응정등
善來世尊_{이시여} 善來善逝_{시여} 善來如來應正等

복덕으로 증장한 것이며, 백만 가지 깊은 마음과 백만 가지 서원으로 깨끗이 장엄한 것이며, 백만 가지 행으로 일어난 것이며, 백만 가지 법으로 건립한 것이며, 백만 가지 신통으로 변화하여 나타난 것이라, 항상 백만 가지 음성을 내어 모든 법을 나타내 보였다.

그때에 야마천왕이 사자좌를 차려 놓고서 부처님 세존을 향하여 몸을 굽히고 합장하며, 공경하고 존중하여 부처님께 말씀드렸다.

"잘 오셨습니다, 세존이시여! 잘 오셨습니다, 선서시여! 잘 오셨습니다, 여래 응공 정등각이시여! 오직 원하오니 가엾게 여기셔서 이 궁

각   유원애민   처차궁전
覺이시여 唯願哀愍하사 處此宮殿하소서

시   불   수청   즉승보전   일체시방
時에 佛이 受請하사 卽昇寶殿하시니 一切十方도

실 역 여 시
悉亦如是하니라

이시   천왕   즉자억념과거불소   소종선
爾時에 天王이 卽自憶念過去佛所의 所種善

근   승불신력   이설송언
根하사 承佛神力하고 而說頌言하시니라

전에 머무르소서."

그때에 부처님께서 청을 받으시고 곧 보배 궁전에 오르시니 일체 시방에서도 모두 또한 이와 같았다.

그때에 천왕은 곧 과거에 부처님 처소에서 심은 선근을 스스로 기억하고 부처님의 위신력을 받들어 게송을 설하여 말씀하였다.

명칭여래문시방
名稱如來聞十方_{하사}

제길상중최무상
諸吉祥中最無上_{이시니}

피증입차마니전
彼曾入此摩尼殿_{이실새}

시고차처최길상
是故此處最吉祥_{이로다}

보왕여래세간등
寶王如來世間燈_{이라}

제길상중최무상
諸吉祥中最無上_{이시니}

피증입차청정전
彼曾入此淸淨殿_{이실새}

시고차처최길상
是故此處最吉祥_{이로다}

희목여래견무애
喜目如來見無礙_{하사}

제길상중최무상
諸吉祥中最無上_{이시니}

피증입차장엄전
彼曾入此莊嚴殿_{이실새}

시고차처최길상
是故此處最吉祥_{이로다}

명칭 여래께서는 시방에 소문 자자하셔서
모든 길상 가운데 가장 높으시며
그 부처님께서 일찍이 이 마니전에 오셨으니
그러므로 이곳이 가장 길상하도다.

보왕 여래께서는 세간의 등불이셔서
모든 길상 가운데 가장 높으시며
그 부처님께서 일찍이 이 청정전에 오셨으니
그러므로 이곳이 가장 길상하도다.

희목 여래께서는 보는 것이 걸림 없으셔서
모든 길상 가운데 가장 높으시며
그 부처님께서 일찍이 이 장엄전에 오셨으니
그러므로 이곳이 가장 길상하도다.

연등여래조세간
然燈如來照世間하사

제 길 상 중 최 무 상
諸吉祥中最無上이시니

피증입차수승전
彼曾入此殊勝殿이실새

시고차처최길상
是故此處最吉祥이로다

요익여래이세간
饒益如來利世間하사

제 길 상 중 최 무 상
諸吉祥中最無上이시니

피증입차무구전
彼曾入此無垢殿이실새

시고차처최길상
是故此處最吉祥이로다

선각여래무유사
善覺如來無有師하사

제 길 상 중 최 무 상
諸吉祥中最無上이시니

피증입차보향전
彼曾入此寶香殿이실새

시고차처최길상
是故此處最吉祥이로다

연등 여래께서는 세간을 비추셔서
모든 길상 가운데 가장 높으시며
그 부처님께서 일찍이 이 수승전에 오셨으니
그러므로 이곳이 가장 길상하도다.

요익 여래께서는 세간을 이익케 하셔서
모든 길상 가운데 가장 높으시며
그 부처님께서 일찍이 이 무구전에 오셨으니
그러므로 이곳이 가장 길상하도다.

선각 여래께서는 스승이 없으셔서
모든 길상 가운데 가장 높으시며
그 부처님께서 일찍이 이 보향전에 오셨으니
그러므로 이곳이 가장 길상하도다.

승천여래세중등
勝天如來世中燈이라

제길상중최무상
諸吉祥中最無上이시니

피증입차묘향전
彼曾入此妙香殿이실새

시고차처최길상
是故此處最吉祥이로다

무거여래논중웅
無去如來論中雄이라

제길상중최무상
諸吉祥中最無上이시니

피증입차보안전
彼曾入此普眼殿이실새

시고차처최길상
是故此處最吉祥이로다

무승여래구중덕
無勝如來具衆德하사

제길상중최무상
諸吉祥中最無上이시니

피증입차선엄전
彼曾入此善嚴殿이실새

시고차처최길상
是故此處最吉祥이로다

승천 여래께서는 세상의 등불이서서
모든 길상 가운데 가장 높으시며
그 부처님께서 일찍이 이 묘향전에 오셨으니
그러므로 이곳이 가장 길상하도다.

무거 여래께서는 논의 중의 영웅이서서
모든 길상 가운데 가장 높으시며
그 부처님께서 일찍이 이 보안전에 오셨으니
그러므로 이곳이 가장 길상하도다.

무승 여래께서는 온갖 덕을 구족하셔서
모든 길상 가운데 가장 높으시며
그 부처님께서 일찍이 이 선엄전에 오셨으니
그러므로 이곳이 가장 길상하도다.

고행여래이세간
苦行如來利世間_{하사} 　　제길상중최무상
諸吉祥中最無上_{이시니}

피증입차보엄전
彼曾入此普嚴殿_{이실새} 　　시고차처최길상
是故此處最吉祥_{이로다}

여차세계중야마천왕
如此世界中夜摩天王_이 　승불신력
承佛神力_{하사} 　억념왕
憶念往

석제불공덕
昔諸佛功德_{하고} 　칭양찬탄
稱揚讚歎_{하야} 　시방세계야마
十方世界夜摩

천왕
天王_도 　실역여시
悉亦如是_{하야} 　탄불공덕
歎佛功德_{하시니라}

이시
爾時_에 　세존
世尊_이 　입마니장엄전
入摩尼莊嚴殿_{하사} 　어보련화장
於寶蓮華藏

고행 여래께서는 세간을 이롭게 하셔서
모든 길상 가운데 가장 높으시며
그 부처님께서 일찍이 이 보엄전에 오셨으니
그러므로 이곳이 가장 길상하도다.

이 세계 중의 야마천왕이 부처님의 위신력을 받들어 지난 옛적의 모든 부처님의 공덕을 기억하고 소리 높여 찬탄하는 것과 같이, 시방세계의 야마천왕들도 모두 또한 이와 같이 부처님의 공덕을 찬탄하였다.

그때에 세존께서 마니장엄전에 드시어 보련화장 사자좌 위에 결가부좌하시니, 이 궁전이

사자좌상　결가부좌　　차전　홀연광박관
師子座上에 結跏趺坐하신대 此殿이 忽然廣博寬

용　　여기천중　제소주처　　시방세계　실
容하야 如其天衆의 諸所住處하니 十方世界도 悉

역여시
亦如是하니라

홀연히 넓어져서 그 하늘 대중들의 모든 머무르는 곳과 같았으며, 시방세계에서도 모두 또한 이와 같았다.

대방광불화엄경
제19권

20. 야마궁중게찬품

대방광불화엄경 권제십구
大方廣佛華嚴經 卷第十九

야마궁중게찬품 제이십
夜摩宮中偈讚品 第二十

이시　　불신력고　　시방각유일대보살　　일일
爾時에 佛神力故로 十方各有一大菩薩이 一一

각여불찰미진수보살　　구　　　종십만불찰미
各與佛刹微塵數菩薩로 俱하사 從十萬佛刹微

진수국토외제세계중　　　이래집회
塵數國土外諸世界中하야 而來集會하시니라

기명왈공덕림보살　　　혜림보살　　　승림보살
其名曰功德林菩薩과 慧林菩薩과 勝林菩薩과

대방광불화엄경 제19권

20. 야마궁중게찬품

그때에 부처님의 위신력으로 시방에 각각 한 큰 보살이 있어, 낱낱이 각각 부처님 세계 미진수의 보살들과 함께 십만 부처님 세계 미진수의 국토 밖에 있는 모든 세계로부터 와서 모였다.

그 이름은 공덕림 보살과 혜림 보살과 승림

무외림보살　참괴림보살　정진림보살　역
無畏林菩薩과 慚愧林菩薩과 精進林菩薩과 力

림보살　행림보살　각림보살　지림보살
林菩薩과 行林菩薩과 覺林菩薩과 智林菩薩이요

차제보살　소종래국　소위친혜세계　당혜
此諸菩薩의 所從來國은 所謂親慧世界와 幢慧

세계　보혜세계　승혜세계　등혜세계　금
世界와 寶慧世界와 勝慧世界와 燈慧世界와 金

강혜세계　안락혜세계　일혜세계　정혜세
剛慧世界와 安樂慧世界와 日慧世界와 淨慧世

계　범혜세계
界와 梵慧世界니라

차제보살　각어불소　정수범행　　소위상
此諸菩薩이 各於佛所에 淨修梵行하시니 所謂常

주안불　무승안불　무주안불　부동안불
住眼佛과 無勝眼佛과 無住眼佛과 不動眼佛과

보살과 무외림 보살과 참괴림 보살과 정진림 보살과 역림 보살과 행림 보살과 각림 보살과 지림 보살이었다.

이 모든 보살들이 떠나 온 세계는 이른바 친혜 세계와 당혜 세계와 보혜 세계와 승혜 세계와 등혜 세계와 금강혜 세계와 안락혜 세계와 일혜 세계와 정혜 세계와 범혜 세계였다.

이 모든 보살들이 각각 부처님 처소에서 청정하게 범행을 닦았으니, 이른바 상주안 부처님과 무승안 부처님과 무주안 부처님과 부동안 부처님과 천안 부처님과 해탈안 부처님과

천안불　해탈안불　심체안불　명상안불
天眼佛과 解脫眼佛과 審諦眼佛과 明相眼佛과

최상안불　감청안불
最上眼佛과 紺靑眼佛이라

시제보살　지불소이　정례불족　수소래
是諸菩薩이 至佛所已에 頂禮佛足하고 隨所來

방　각화작마니장사자지좌　어기좌상
方하야 各化作摩尼藏師子之座하사 於其座上에

결가부좌
結跏趺坐하시니라

여차세계중야마천상　보살래집　일체세
如此世界中夜摩天上에 菩薩來集하야 一切世

계　실역여시　기제보살세계여래　소유
界도 悉亦如是하니 其諸菩薩世界如來의 所有

명호　실등무별
名号가 悉等無別하니라

심체안 부처님과 명상안 부처님과 최상안 부처님과 감청안 부처님이셨다.

이 모든 보살들이 부처님 처소에 이르러 부처님 발에 정례하고, 온 바 방위를 따라 각각 마니장 사자좌를 변화하여 만들고 그 자리 위에 결가부좌하였다.

이 세계 가운데 야마천상에 보살들이 와서 모인 것처럼, 일체 세계에서도 모두 또한 이와 같았다. 그 모든 보살들과 세계와 여래의 명호도 모두 같아서 다름이 없었다.

이시　세존　종양족상　　방백천억묘색광
爾時_에 世尊_이 從兩足上_{하야} 放百千億妙色光

명　　　보조시방일체세계야마궁중불급대
明_{하사} 普照十方一切世界夜摩宮中佛及大

중　　미불개현
衆_{하사} 靡不皆現_{하시니라}

이시　공덕림보살　승불위력　　보관시방
爾時_에 功德林菩薩_이 承佛威力_{하사} 普觀十方_{하고}

이설송언
而說頌言_{하시니라}

그때에 세존께서 두 발등으로부터 백천억의 묘색 광명을 놓아 시방 일체 세계를 널리 비추시니, 야마천 궁전 가운데 부처님과 대중들이 다 나타나지 않음이 없었다.

그때에 공덕림 보살이 부처님의 위신력을 받들어 시방을 널리 살펴보고 게송을 설하여 말씀하였다.

불방대광명
佛放大光明하사

보조어시방
普照於十方하시니

실견천인존
悉見天人尊이

통달무장애
通達無障礙로다

불좌야마궁
佛坐夜摩宮하사

보변시방계
普徧十方界하시니

차사심기특
此事甚奇特하야

세간소희유
世間所希有로다

수야마천왕
須夜摩天王이

게찬십여래
偈讚十如來하니

여차회소견
如此會所見하야

일체처함이
一切處咸爾로다

부처님께서 큰 광명을 놓으셔서
시방을 널리 비추시니
천상과 인간의 존귀한 분을 다 친견함이
환히 트이어 장애가 없도다.

부처님께서 야마천궁에 앉으셔서
시방세계에 널리 두루하시니
이 일은 매우 기특하여
세간에서 희유한 바로다.

수야마 천왕이
열 부처님을 게송으로 찬탄하니
이 모임에서 보는 것과 같이
일체 처에서도 다 그러하도다.

피제보살중
彼諸菩薩衆이

개동아등명
皆同我等名하야

시방일체처
十方一切處에

연설무상법
演說無上法이로다

소종제세계
所從諸世界의

명호역무별
名号亦無別하니

각어기불소
各於其佛所에

정수어범행
淨修於梵行이로다

피제여래등
彼諸如來等의

명호실역동
名号悉亦同이라

국토개풍락
國土皆豊樂이요

신력실자재
神力悉自在로다

저 모든 보살 대중들이
다 우리 이름과 같으며
시방의 일체 처에서
위없는 법을 연설하도다.

떠나 온 모든 세계의
이름도 또한 다르지 않고
각각 그 부처님 처소에서
범행을 청정하게 닦았도다.

저 모든 여래들의
명호도 모두 또한 같고
국토가 다 풍요롭고 즐거워
위신력이 모두 자재하시도다.

시방일체처
十方一切處에

개위불재차
皆謂佛在此라하나니

혹견재인간
或見在人間하며

혹견주천궁
或見住天宮이로다

여래보안주
如來普安住

일체제국토
一切諸國土어시든

아등금견불
我等今見佛이

처차천궁전
處此天宮殿이로다

석발보리원
昔發菩提願하사

보급시방계
普及十方界실새

시고불위력
是故佛威力이

충변난사의
充徧難思議로다

시방의 일체 처에서
'부처님께서 여기 계신다'고 다 이르지만
혹은 인간에 계심을 보고
혹은 천궁에 머무르심을 보도다.

여래께서는 일체 모든 국토에
널리 편안히 머무르시지만
우리는 지금 부처님께서
이 하늘 궁전에 계심을 보도다.

옛적에 보리의 원을 내셔서
시방세계에 널리 미치시니
그러므로 부처님의 위신력이
두루 충만하여 사의하기 어렵도다.

원리세소탐
遠離世所貪하사

구족무변덕
具足無邊德이실새

고획신통력
故獲神通力하시니

중생미불견
衆生靡不見이로다

유행시방계
遊行十方界하사대

여공무소애
如空無所礙하시니

일신무량신
一身無量身이여

기상불가득
其相不可得이로다

불공덕무변
佛功德無邊하시니

운하가측지
云何可測知아

무주역무거
無住亦無去하사대

보입어법계
普入於法界로다

세상의 탐하는 바를 멀리 여의시고
가없는 덕을 구족하시니
그러므로 신통력을 얻으셔서
중생들이 보지 못함이 없도다.

시방세계에 노니시되
허공처럼 걸리는 바 없으시니
한 몸이 한량없는 몸이시여
그 모양을 얻을 수 없도다.

부처님 공덕은 가없으시니
어떻게 헤아려 알 수 있으리오
머무름도 없고 또한 감도 없으시나
널리 법계에 드시도다.

이시　혜림보살　승불위력　보관시방
爾時에 慧林菩薩이 承佛威力하사 普觀十方하고

이설송언
而說頌言하시니라

세간대도사　　　　　이구무상존
世間大導師　　　　　離垢無上尊이여

불가사의겁　　　　　난가득치우
不可思議劫에　　　　難可得值遇로다

불방대광명　　　　　세간미불견
佛放大光明하시니　　世間靡不見이라

위중광개연　　　　　요익제군생
爲衆廣開演하사　　　饒益諸群生이로다

그때에 혜림 보살이 부처님의 위신력을 받들
어 시방을 널리 살펴보고 게송을 설하여 말씀
하였다.

세간의 큰 도사이시며
때없고 위없는 존귀한 분이시여
불가사의 겁 동안
만나 뵙기 어렵도다.

부처님께서 큰 광명을 놓으시니
세간에서 보지 못함이 없고
대중을 위해 널리 연설하시어
모든 군생들을 요익케 하시도다.

여래출세간
如來出世間하사

위세제치명
爲世除癡冥하시니

여시세간등
如是世間燈이여

희유난가견
希有難可見이로다

이수시계인
已修施戒忍과

정진급선정
精進及禪定과

반야바라밀
般若波羅蜜하사

이차조세간
以此照世間이로다

여래무여등
如來無與等하시니

구비불가득
求比不可得이라

불요법진실
不了法眞實이면

무유능득견
無有能得見이로다

여래께서 세간에 출현하셔서
세상을 위해 어리석음을 없애주시니
이와 같은 세간의 등불은
희유하여 보기 어렵도다.

보시와 지계와 인욕과
정진과 그리고 선정과
반야바라밀을 이미 닦으셔서
이로써 세간을 비추시도다.

여래께서는 더불어 같을 이가 없고
비교할 이를 구해도 얻을 수 없으니
법의 진실을 알지 못하면
능히 친견할 수 없도다.

불신급신통
佛身及神通이

자재난사의
自在難思議라

무거역무래
無去亦無來하사대

설법도중생
說法度衆生이로다

약유득견문
若有得見聞

청정천인사
清淨天人師면

영출제악취
永出諸惡趣하야

사리일체고
捨離一切苦로다

무량무수겁
無量無數劫에

수습보리행
修習菩提行이라도

불능지차의
不能知此義면

불가득성불
不可得成佛이로다

부처님의 몸과 신통이
자재하심을 사의하기 어려우니
감도 없고 또한 옴도 없으시나
법을 설하여 중생을 제도하시도다.

만약 어떤 이가
청정한 천신과 인간의 스승을 보고 들으면
모든 나쁜 갈래에서 영원히 벗어나
일체 고통을 버리고 여의리라.

한량없고 수없는 겁 동안
보리행을 닦아 익히더라도
이 뜻을 능히 알지 못하면
성불할 수 없도다.

불가사의겁
不可思議劫에

공양무량불
供養無量佛이라도

약능지차의
若能知此義면

공덕초어피
功德超於彼로다

무량찰진보
無量刹珍寶를

만중시어불
滿中施於佛이라도

불능지차의
不能知此義면

종불성보리
終不成菩提로다

이시　승림보살　승불위력　보관시방
爾時에 勝林菩薩이 承佛威力하사 普觀十方하고

이설송언
而說頌言하시니라

불가사의 겁 동안

한량없는 부처님께 공양올려도

만약 능히 이 뜻을 알면

공덕이 저보다 뛰어나리라.

한량없는 세계의 진귀한 보배를

그중에 가득 부처님께 공양올려도

이 뜻을 능히 알지 못하면

마침내 보리를 이루지 못하리라.

그때에 승림 보살이 부처님의 위신력을 받들어 시방을 널리 살펴보고 게송을 설하여 말씀하였다.

비여맹하월
譬如孟夏月에

공정무운에
空淨無雲曀하면

혁일양광휘
赫日揚光暉하야

시방미불충
十方靡不充이로다

기광무한량
其光無限量하니

무유능측지
無有能測知라

유목사상연
有目斯尚然이어든

하황맹명자
何況盲冥者아

제불역여시
諸佛亦如是하사

공덕무변제
功德無邊際하시니

불가사의겁
不可思議劫에

막능분별지
莫能分別知로다

비유하면 초여름의
구름 없는 깨끗한 허공에
밝은 태양이 광휘를 드날려
시방에 충만하지 않음이 없도다.

그 빛이 한량이 없어
헤아려 알 수 없으니
눈 있는 이도 오히려 그러한데
어찌 하물며 눈 어두운 자이리오.

모든 부처님도 또한 이와 같으셔서
공덕이 끝이 없으시니
불가사의 겁에
분별하여 알 수 없도다.

제법무래처
諸法無來處며

역무능작자
亦無能作者며

무유소종생
無有所從生일새

불가득분별
不可得分別이로다

일체법무래
一切法無來일새

시고무유생
是故無有生이니

이생무유고
以生無有故로

멸역불가득
滅亦不可得이로다

일체법무생
一切法無生이며

역부무유멸
亦復無有滅이니

약능여시해
若能如是解하면

사인견여래
斯人見如來로다

모든 법은 온 곳이 없고
또한 능히 지은 자도 없으며
좇아 난 바도 없으니
분별할 수 없도다.

일체 법이 옴이 없으니
그러므로 남이 없고
남이 없는 까닭에
멸함도 또한 얻을 수 없도다.

일체 법이 남이 없으며
또한 다시 멸함도 없으니
만약 능히 이와 같이 이해하면
이 사람은 여래를 보리라.

제법무생고
諸法無生故로

자성무소유
自性無所有니

여시분별지
如是分別知하면

차인달심의
此人達深義로다

이법무성고
以法無性故로

무유능요지
無有能了知니

여시해어법
如是解於法하면

구경무소해
究竟無所解로다

소설유생자
所說有生者는

이현제국토
以現諸國土니

능지국토성
能知國土性하면

기심불미혹
其心不迷惑이로다

모든 법이 남이 없으므로
자성도 있는 것이 아니니
이와 같이 분별하여 알면
이 사람은 깊은 뜻을 통달하리라.

법이 자성이 없으므로
능히 분명하게 알지 못하니
이와 같이 법을 이해하면
구경에 이해할 것도 없으리라.

생겨남이 있다고 말하는 것은
모든 국토에 나타나기 때문이니
국토의 성품을 능히 알면
그 마음이 미혹하지 않으리라.

세간국토성
世間國土性이

관찰실여실
觀察悉如實하니

약능어차지
若能於此知하면

선설일체의
善說一切義로다

이시 무외림보살
爾時에 無畏林菩薩이

승불위력
承佛威力하사

보관시방
普觀十方하고

이설송언
而說頌言하시니라

여래광대신
如來廣大身이

구경어법계
究竟於法界실새

불리어차좌
不離於此座하고

이변일체처
而徧一切處로다

세간과 국토의 성품을
관찰하면 모두 실상과 같으니
만약 능히 이것을 알면
일체 이치를 잘 말하리라.

그때에 무외림 보살이 부처님의 위신력을 받들어 시방을 널리 살펴보고 게송을 설하여 말씀하였다.

여래의 넓고 크신 몸이
법계에 가득하시니
이 자리를 여의지 아니하시고
일체 처에 두루하시도다.

약 문 여 시 법
若聞如是法하고

공 경 신 락 자
恭敬信樂者는

영 리 삼 악 도
永離三惡道의

일 체 제 고 난
一切諸苦難이로다

설 왕 제 세 계
設往諸世界의

무 량 불 가 수
無量不可數라도

전 심 욕 청 문
專心欲聽聞

여 래 자 재 력
如來自在力하나니

여 시 제 불 법
如是諸佛法이

시 무 상 보 리
是無上菩提일새

가 사 욕 잠 문
假使欲暫聞이라도

무 유 능 득 자
無有能得者로다

만약 이와 같은 법을 듣고
공경하며 믿고 즐겨하는 이는
영원히 삼악도의
일체 모든 고난을 여의리라.

설령 한량없고 셀 수 없는
모든 세계에 가더라도
오로지 여래의 자재하신 힘을
들으려 하도다.

이와 같은 모든 부처님 법이
위없는 보리이니
설사 잠깐만 듣고자 하여도
능히 들을 자가 없도다.

약유어과거
若有於過去에

신여시불법
信如是佛法이면

이성양족존
已成兩足尊하야

이작세간등
而作世間燈이로다

약유당득문
若有當得聞

여래자재력
如來自在力하고

문이능생신
聞已能生信이면

피역당성불
彼亦當成佛이로다

약유어현재
若有於現在에

능신차불법
能信此佛法이면

역당성정각
亦當成正覺하야

설법무소외
說法無所畏로다

만약 어떤 이가 과거에
이와 같은 부처님 법을 믿었다면
이미 양족존을 이루어
세간의 등불이 되었느니라.

만약 어떤 이가 당래에
여래의 자재하신 힘을 듣고
듣고 나서 능히 믿음을 낸다면
그도 또한 마땅히 부처를 이루리라.

만약 어떤 이가 현재에
이 부처님 법을 능히 믿으면
또한 마땅히 정각을 이루고
법을 설함에 두려울 것이 없느니라.

무량무수겁
無量無數劫에

차법심난치
此法甚難値니

약유득문자
若有得聞者는

당지본원력
當知本願力이로다

약유능수지
若有能受持

여시제불법
如是諸佛法하고

지이광선설
持已廣宣說이면

차인당성불
此人當成佛이어든

황부근정진
況復勤精進하야

견고심불사
堅固心不捨아

당지여시인
當知如是人은

결정성보리
決定成菩提로다

한량없고 수없는 겁 동안
이 법은 만나기 매우 어려우니
만약 들은 자가 있으면
마땅히 본래의 원력임을 알지로다.

만약 어떤 이가 능히 이와 같은
모든 부처님 법을 받아 지니고
지니고 나서 널리 설하면
이 사람은 마땅히 성불하리라.

하물며 다시 부지런히 정진하여
견고한 마음 버리지 않음이리오
마땅히 알라, 이러한 사람은
결정코 보리를 이루리라.

이시　참괴림보살　승불위력　보관시방
爾時에 慙愧林菩薩이 承佛威力하사 普觀十方하고

이 설 송 언
而說頌言하시니라

약 인 득 문 시　　　　희 유 자 재 법
若人得聞是　　　　希有自在法이면

능 생 환 희 심　　　　질 제 의 혹 망
能生歡喜心하야　　　疾除疑惑網이로다

일 체 지 견 인　　　　자 설 여 시 언
一切知見人이　　　　自說如是言하사대

여 래 무 부 지　　　　시 고 난 사 의
如來無不知실새　　　是故難思議로다

　　그때에 참괴림 보살이 부처님의 위신력을 받
들어 시방을 널리 살펴보고 게송을 설하여 말
씀하였다.

　만약 어떤 사람이
　이 희유하고 자재한 법을 들으면
　능히 환희심을 내어서
　의혹의 그물을 빨리 없애리라.

　일체의 알고 보는 사람이
　스스로 이와 같은 말을 하되
　'여래께서는 모르는 것이 없으시니
　그러므로 사의하기 어렵다'고 하도다.

무유종무지
無有從無智하야

이 생 어 지 혜
而生於智慧니

세 간 상 암 명
世間常暗冥일새

시 고 무 능 생
是故無能生이로다

여 색 급 비 색
如色及非色이

차 이 불 위 일
此二不爲一인달하야

지 무 지 역 연
智無智亦然하야

기 체 각 수 이
其體各殊異로다

여 상 여 무 상
如相與無相과

생 사 급 열 반
生死及涅槃이

분 별 각 부 동
分別各不同인달하야

지 무 지 여 시
智無智如是로다

지혜 없는 데서는
지혜를 냄이 없으니
세간은 항상 어두운지라
그러므로 지혜를 낼 수 없도다.

색과 색 아닌 것
이 둘이 하나가 되지 않듯이
지혜와 지혜 없음도 또한 그러하여
그 체가 각각 다르도다.

모양 있음과 모양 없음과
생사와 열반이
분별하여 각각 같지 않듯이
지혜와 지혜 없음도 이와 같도다.

세계시성립
世界始成立에

무유패괴상
無有敗壞相하니

지무지역연
智無智亦然하야

이상비일시
二相非一時로다

여보살초심
如菩薩初心이

불여후심구
不與後心俱인달하야

지무지역연
智無智亦然하야

이심부동시
二心不同時로다

비여제식신
譬如諸識身이

각각무화합
各各無和合인달하야

지무지여시
智無智如是하야

구경무화합
究竟無和合이로다

세계가 처음 성립함에
파괴되는 모양이 없으니
지혜와 지혜 없음도 또한 그러하여
두 모양이 일시가 아니로다.

보살의 처음 마음이
나중 마음과 함께하지 않듯이
지혜와 지혜 없음도 또한 그러하여
두 마음이 동시가 아니로다.

마치 모든 식들이
각각 화합이 없듯이
지혜와 지혜 없음도 이와 같아서
구경에 화합이 없도다.

여아가타약　　　　　능멸일체독
如阿伽陀藥이　　　**能滅一切毒**인달하야

유지역여시　　　　　능멸어무지
有智亦如是하야　　**能滅於無智**로다

여래무유상　　　　　역무여등자
如來無有上이시며　　**亦無與等者**라

일체무능비　　　　　시고난치우
一切無能比일새　　**是故難值遇**로다

이시　　정진림보살　　승불위력　　　보관시방
爾時에　**精進林菩薩**이　**承佛威力**하사　**普觀十方**하고

이설송언
而說頌言하시니라

아가타약이

능히 일체 독을 소멸하듯이

지혜 있음도 또한 이와 같아서

지혜 없음을 능히 소멸하도다.

여래께서는 위없으시며

또한 더불어 같을 자도 없어서

일체와 비교할 수 없으니

그러므로 만나기 어렵도다.

그때에 정진림 보살이 부처님의 위신력을 받

들어 시방을 널리 살펴보고 게송을 설하여 말

씀하였다.

제법무차별
諸法無差別을

무유능지자
無有能知者요

유불여불지
唯佛與佛知시니

지혜구경고
智慧究竟故로다

여금여금색
如金與金色이

기성무차별
其性無差別인달하야

법비법역연
法非法亦然하야

체성무유이
體性無有異로다

중생비중생
衆生非衆生이

이구무진실
二俱無眞實하니

여시제법성
如是諸法性이

실의구비유
實義俱非有로라

모든 법은 차별이 없음을
능히 알 자가 없고
오직 부처님과 부처님만 아시니
지혜가 구경인 까닭이로다.

금과 금빛이
그 성품이 차별이 없듯이
법과 법 아닌 것도 또한 그러하여
체성이 다름이 없도다.

중생과 중생 아닌 것이
둘 다 진실함이 없으니
이와 같이 모든 법의 성품이
진실한 뜻이 모두 있지 않도다.

비여미래세　　　　　　무유과거상
譬如未來世에　　　　**無有過去相**인달하야

제법역여시　　　　　　무유일체상
諸法亦如是하야　　　**無有一切相**이로다

비여생멸상　　　　　　종종개비실
譬如生滅相이　　　　**種種皆非實**인달하야

제법역부연　　　　　　자성무소유
諸法亦復然하야　　　**自性無所有**로다

열반불가취　　　　　　설시유이종
涅槃不可取나　　　　**說時有二種**하니

제법역부연　　　　　　분별유수이
諸法亦復然하야　　　**分別有殊異**로다

마치 미래세에
과거의 모양이 없듯이
모든 법도 또한 이와 같아서
일체 모양이 있지 않도다.

마치 생멸하는 모양이
갖가지가 다 진실하지 않듯이
모든 법도 또한 다시 그러하여
자성이 있는 바가 없도다.

열반을 취할 수 없으나
말할 때에는 두 가지가 있으니
모든 법도 또한 다시 그러하여
분별하여 다름이 있도다.

여의소수물
如依所數物하야

이유어능수
而有於能數라

피성무소유
彼性無所有니

여시요지법
如是了知法이로다

비여산수법
譬如算數法이

증일지무량
增一至無量이라

수법무체성
數法無體性이로대

지혜고차별
智慧故差別이로다

비여제세간
譬如諸世間이

겁소유종진
劫燒有終盡이나

허공무손패
虛空無損敗인달하야

불지역여시
佛智亦如是로다

셀 바 물건에 의하여
능히 셈함이 있듯이
그 성품은 있는 바 없으니
이와 같이 법을 분명히 알도다.

마치 산수법이
하나씩 더하여 한량없음에 이르듯이
셈법은 체성이 없으나
지혜인 까닭으로 차별하도다.

마치 모든 세간이
겁화가 탈 때 마침내 다함이 있으나
허공은 손상이 없는 것처럼
부처님 지혜도 또한 이와 같도다.

여시방중생
如十方衆生이

각취허공상
各取虛空相인달하야

제불역여시
諸佛亦如是하야

세간망분별
世間妄分別이로다

이시 역림보살 승불위력 보관시방
爾時에 力林菩薩이 承佛威力하사 普觀十方하고

이설송언
而說頌言하시니라

일체중생계
一切衆生界가

개재삼세중
皆在三世中하고

삼세제중생
三世諸衆生이

실주오온중
悉住五蘊中이로다

시방의 중생들이
각각 허공의 모양을 취하듯이
모든 부처님도 또한 이와 같아서
세간에서 허망하게 분별하도다.

그때에 역림 보살이 부처님의 위신력을 받들어 시방을 널리 살펴보고 게송을 설하여 말씀하였다.

일체 중생 세계는
다 삼세 가운데 있고
삼세의 모든 중생들은
모두 오온 가운데 머무르도다.

제온업위본
諸蘊業爲本이요

제업심위본
諸業心爲本이라

심법유여환
心法猶如幻하니

세간역여시
世間亦如是로다

세간비자작
世間非自作이며

역부비타작
亦復非他作이로대

이기득유성
而其得有成이며

역부득유괴
亦復得有壞로다

세간수유성
世間雖有成이며

세간수유괴
世間雖有壞나

요달세간자
了達世間者는

차이불응설
此二不應說이로다

모든 온은 업이 근본이고
모든 업은 마음이 근본이며
마음 법은 마치 환과 같으니
세간도 또한 이와 같도다.

세간은 스스로 지은 것이 아니고
또한 다시 다른 이가 지은 것도 아니나
그것은 이루어짐이 있으며
또한 다시 무너짐도 있도다.

세간이 비록 이루어짐이 있으며
세간이 비록 무너짐도 있으나
세간을 분명히 통달한 자는
이 둘을 마땅히 말하지 않도다.

운하위세간
云何爲世間이며

운하비세간
云何非世間고

세간비세간
世間非世間이

단시명차별
但是名差別이로다

삼세오온법
三世五蘊法은

설명위세간
說名爲世間이요

피멸비세간
彼滅非世間이니

여시단가명
如是但假名이로다

운하설제온
云何說諸蘊이며

제온유하성
諸蘊有何性고

온성불가멸
蘊性不可滅일새

시고설무생
是故說無生이로다

어떤 것을 세간이라 하고
어떤 것이 세간이 아닌가
세간과 세간 아닌 것이
다만 이름만 다를 뿐이로다.

삼세와 오온법을
설하여 세간이라 이름하고
그것이 멸함은 세간이 아니니
이와 같이 다만 가명일 뿐이로다.

무엇을 모든 온이라 말하며
모든 온은 무슨 성품이 있는가
온의 성품은 소멸할 수 없으니
이런 까닭에 남이 없다고 설하도다.

분별차제온
分別此諸蘊인댄

기성본공적
其性本空寂이라

공고불가멸
空故不可滅이니

차시무생의
此是無生義로다

중생기여시
衆生旣如是인댄

제불역부연
諸佛亦復然이니

불급제불법
佛及諸佛法이

자성무소유
自性無所有로다

능지차제법
能知此諸法이

여실부전도
如實不顚倒하면

일체지견인
一切知見人이

상견재기전
常見在其前이로다

이 모든 온을 분별하면

그 성품이 본래 공적하고

공적하므로 소멸할 수 없으니

이것이 남이 없는 이치로다.

중생이 이미 이와 같으면

모든 부처님도 또한 다시 그러하니

부처님과 모든 부처님의 법이

자성이 있는 바가 없도다.

능히 이 모든 법이

여실하여 전도되지 않음을 알면

일체 알고 보는 사람이

항상 그 앞에 있음을 보리라.

이시　행림보살　승불위력　보관시방
爾時에 行林菩薩이 承佛威力하사 普觀十方하고

이설송언
而說頌言하시니라

비여시방계
譬如十方界에

일체제지종
一切諸地種이

자성무소유
自性無所有로대

무처부주변
無處不周徧인달하야

불신역여시
佛身亦如是하야

보변제세계
普徧諸世界하사대

종종제색상
種種諸色相이

무주무래처
無住無來處로다

그때에 행림 보살이 부처님의 위신력을 받들

어 시방을 널리 살펴보고 게송을 설하여 말씀

하였다.

마치 시방세계에

일체 모든 지대의 종성이

자성이 있는 것 아니나

두루하지 않은 곳 없듯이

부처님 몸도 또한 이와 같으셔서

모든 세계에 널리 두루하시나

갖가지 모든 색상이

머무름도 없고 온 곳도 없도다.

단이제업고
但以諸業故로

설명위중생
說名爲衆生이나

역불리중생
亦不離衆生하고

이유업가득
而有業可得이로다

업성본공적
業性本空寂이나

중생소의지
衆生所依止요

보작중색상
普作衆色相이나

역부무래처
亦復無來處로다

여시제색상
如是諸色相과

업력난사의
業力難思議니

요달기근본
了達其根本이면

어중무소견
於中無所見이로다

다만 모든 업 때문에
설하여 중생이라 이름하나
또한 중생을 여의고
업을 얻을 수 없도다.

업의 성품이 본래 공적하나
중생들이 의지한 바이며
온갖 색상을 널리 지으나
또한 다시 온 곳이 없도다.

이와 같은 모든 색상과
업력이 사의하기 어려우니
그 근본을 분명히 통달하면
그 가운데 볼 것도 없도다.

불신역여시
佛身亦如是하야

불가득사의
不可得思議니

종종제색상
種種諸色相으로

보현시방찰
普現十方刹이로다

신역비시불
身亦非是佛이며

불역비시신
佛亦非是身이니

단이법위신
但以法爲身하면

통달일체법
通達一切法이로다

약능견불신
若能見佛身이

청정여법성
淸淨如法性하면

차인어불법
此人於佛法에

일체무의혹
一切無疑惑이로다

부처님 몸도 또한 이와 같으셔서

사의할 수 없으니

갖가지 모든 색상으로

널리 시방세계에 나타나시도다.

몸도 또한 부처가 아니며

부처도 또한 몸이 아니니

다만 법으로 몸을 삼아

일체 법을 통달하도다.

만약 능히 부처님 몸이

청정하시어 법의 성품과 같음을 보면

이 사람은 부처님 법에

일체 의혹이 없으리라.

약견일체법　　　　본성여열반
若見一切法이　　　本性如涅槃하면

시즉견여래　　　　구경무소주
是則見如來가　　　究竟無所住로다

약수습정념　　　　명료견정각
若修習正念하야　　明了見正覺이

무상무분별　　　　시명법왕자
無相無分別하면　　是名法王子로다

이시　각림보살　　승불위력　　변관시방
爾時에 覺林菩薩이 承佛威力하사 徧觀十方하고

이설송언
而說頌言하시니라

만약 일체 법이

본성이 열반과 같음을 보면

이것은 곧 여래께서

구경에 머무르시는 바가 없음을 봄이로다.

만약 바른 생각을 닦아 익혀서

정각을 밝게 보아

모양도 없고 분별도 없으면

이 이름이 법왕자로다.

그때에 각림 보살이 부처님의 위신력을 받들

어 시방을 두루 살펴보고 게송을 설하여 말씀

하였다.

비여공화사
譬如工畫師가

분포제채색
分布諸彩色하고

허망취이상
虛妄取異相이나

대종무차별
大種無差別이니

대종중무색
大種中無色이며

색중무대종
色中無大種이로대

역불리대종
亦不離大種하고

이유색가득
而有色可得이로다

심중무채화
心中無彩畫하고

채화중무심
彩畫中無心이로대

연불리어심
然不離於心하고

유채화가득
有彩畫可得이로다

마치 그림 그리는 화가가

여러 가지 채색을 하며

허망하게 다른 모양을 취하나

대종은 차별이 없음과 같도다.

대종 가운데 색이 없고

색 가운데 대종도 없으나

또한 대종을 떠나서

색을 얻을 수도 없도다.

마음 속에 그림이 없고

그림 속에 마음이 없으나

그러나 마음을 떠나서

그림을 얻을 수도 없도다.

피 심 항 부 주
彼心恒不住하야

무 량 난 사 의
無量難思議라

시 현 일 체 색
示現一切色호대

각 각 불 상 지
各各不相知로다

비 여 공 화 사
譬如工畫師가

불 능 지 자 심
不能知自心호대

이 유 심 고 화
而由心故畫인달하야

제 법 성 여 시
諸法性如是로다

심 여 공 화 사
心如工畫師하야

능 화 제 세 간
能畫諸世間하나니

오 온 실 종 생
五蘊悉從生이라

무 법 이 부 조
無法而不造로다

그 마음은 항상 머무르지 않고

한량없고 사의하기 어려워

일체 색을 나타내 보이지만

각각 서로 알지 못하도다.

마치 그림 그리는 화가가

자기의 마음을 능히 알지 못하지만

마음으로 말미암아 그리는 것과 같이

모든 법의 성품도 이와 같도다.

마음은 화가와 같아서

능히 모든 세간을 그려내니

오온이 모두 마음 따라 생겨남이라

법마다 짓지 못함이 없도다.

여심불역이
如心佛亦爾하며

여불중생연
如佛衆生然하니

응지불여심
應知佛與心이

체성개무진
體性皆無盡이로다

약인지심행
若人知心行이

보조제세간
普造諸世間하면

시인즉견불
是人則見佛하야

요불진실성
了佛眞實性이로다

심부주어신
心不住於身하며

신역부주심
身亦不住心호대

이능작불사
而能作佛事하니

자재미증유
自在未曾有로다

마음과 같이 부처도 또한 그러하며
부처와 같이 중생도 그러하니
마땅히 알라, 부처와 마음이
체성이 모두 다함이 없도다.

만약 어떤 사람이 마음작용이
모든 세간을 널리 짓는 줄 알면
이 사람은 곧 부처님을 친견하여
부처님의 진실한 성품을 알리라.

마음이 몸에 머무르지 않고
몸도 또한 마음에 머무르지 않으나
능히 불사를 지으니
자재함이 미증유로다.

약인욕요지　　　삼세일체불
若人欲了知　　　**三世一切佛**인댄

응관법계성　　　일체유심조
應觀法界性하라　　**一切唯心造**니라

이시　지림보살　　승불위력　　보관시방
爾時에 **智林菩薩**이 **承佛威力**하사 **普觀十方**하고

이설송언
而說頌言하시니라

소취불가취　　　소견불가견
所取不可取며　　**所見不可見**이며

소문불가문　　　일심부사의
所聞不可聞이니　**一心不思議**로다

만약 어떤 사람이
삼세의 일체 부처님을 분명히 알고자 하면
마땅히 법계의 성품을 관하라
일체가 오직 마음이 만든 것이로다.

그때에 지림 보살이 부처님의 위신력을 받들
어 시방을 널리 살펴보고 게송을 설하여 말씀
하였다.

취하려는 것을 취할 수 없고
보려는 것을 볼 수 없으며
들으려는 것을 들을 수 없으니
한마음이라 부사의하도다.

유량급무량
有量及無量을

이구불가취
二俱不可取니

약유인욕취
若有人欲取인댄

필경무소득
畢竟無所得이로다

불응설이설
不應說而說이

시위자기광
是爲自欺誑이니

이사불성취
已事不成就요

불령중환희
不令衆歡喜로다

유욕찬여래
有欲讚如來의

무변묘색신
無邊妙色身인댄

진어무수겁
盡於無數劫이라도

무능진칭술
無能盡稱述이로다

한량있음과 한량없음을
둘 다 취할 수 없으니
혹 어떤 사람이 취하려 해도
끝까지 얻지 못하리라.

말하지 못할 것을 말하는 것이
이것은 스스로 속이는 것이니
자기 일을 성취하지 못하면
대중들을 환희케 하지도 못하도다.

어떤 이가 여래의
가없는 묘한 색신을 찬탄하려고 하면
수없는 겁을 다하여도
능히 다 말하지 못하리라.

비여수의주
譬如隨意珠가

능현일체색
能現一切色호대

무색이현색
無色而現色인달하야

제불역여시
諸佛亦如是로다

우여정허공
又如淨虛空이

비색불가견
非色不可見이라

수현일체색
雖現一切色이나

무능견공자
無能見空者인달하야

제불역여시
諸佛亦如是하사

보현무량색
普現無量色이나

비심소행처
非心所行處라

일체막능도
一切莫能覩로다

마치 뜻을 따르는 구슬이

능히 일체 색을 나타내되

색이 없으나 색을 나타내듯이

모든 부처님께서도 이와 같으시도다.

또 마치 청정한 허공이

색이 아니어서 볼 수 없으며

비록 일체 색을 나타내지만

허공을 볼 수 없는 것과 같도다.

모든 부처님께서도 이와 같으셔서

한량없는 색을 널리 나타내시나

마음이 행할 곳이 아니라

일체가 능히 보지 못하도다.

수문여래성
雖聞如來聲이나

음성비여래
音聲非如來며

역불리어성
亦不離於聲하고

능지정등각
能知正等覺이로다

보리무래거
菩提無來去라

이일체분별
離一切分別이어니

운하어시중
云何於是中에

자언능득견
自言能得見이리오

제불무유법
諸佛無有法이시니

불어하유설
佛於何有說가

단수기자심
但隨其自心하야

위설여시법
謂說如是法이로다

비록 여래의 음성을 들으나
음성이 여래가 아니며
또한 음성을 여의고
정등각을 알 수도 없도다.

보리는 오고 감이 없어
일체 분별을 떠난 것인데
어떻게 이 가운데서
능히 본다고 스스로 말하리오.

모든 부처님은 법이 없으시니
부처님께서 어찌 설하심이 있으리오
다만 그 자기 마음을 따라서
이와 같은 법을 설한다고 하도다.

대방광불화엄경
제19권

21. 십행품 [1]

대방광불화엄경 권제십구
大方廣佛華嚴經 卷第十九

십행품 제이십일지일
十行品 第二十一之一

이시 공덕림보살 승불신력 입보살선
爾時에 **功德林菩薩**이 **承佛神力**하사 **入菩薩善**

사유삼매
思惟三昧하시니라

입시삼매이 시방각과만불찰미진수세계
入是三昧已에 **十方各過萬佛刹微塵數世界**

대방광불화엄경 제19권

21. 십행품 [1]

그때에 공덕림 보살이 부처님의 위신력을 받들어 보살의 선사유삼매에 들었다.

이 삼매에 들고 나니, 시방으로 각각 일만 부처님 세계 미진수의 세계 밖을 지나서 일만 부처님 세계 미진수의 모든 부처님이 계시는데

외　　유만불찰미진수제불　　개호공덕림
外하야 有萬佛刹微塵數諸佛이 皆号功德林이라

이현기전　　고공덕림보살언
而現其前하사 告功德林菩薩言하시니라

선재　불자　내능입차선사유삼매
善哉라 佛子여 乃能入此善思惟三昧로다

선남자　　차시시방각만불찰미진수동명제
善男子야 此是十方各萬佛刹微塵數同名諸

불　공가어여　　역시비로자나여래　왕석
佛이 共加於汝시며 亦是毗盧遮那如來의 往昔

원력　위신지력　급제보살　중선근력
願力과 威神之力과 及諸菩薩의 衆善根力으로

영여입시삼매　이연설법
令汝入是三昧하야 而演說法이니라

다 명호가 공덕림이시며, 그 앞에 나타나시어 공덕림 보살에게 말씀하셨다.

"훌륭하도다. 불자여, 능히 이 선사유삼매에 들었도다.

선남자여, 이것은 시방으로 각각 일만 부처님 세계 미진수의, 명호가 같은 모든 부처님께서 함께 그대에게 가피하심이며 또한 비로자나여래의 지난 옛적 원력과 위신력과 그리고 모든 보살들의 온갖 선근력으로 그대로 하여금 이 삼매에 들어서 법을 연설하게 하심이다.

위증장불지고　심입법계고
爲增長佛智故며 深入法界故며

요지중생계고　소입무애고
了知衆生界故며 所入無礙故며

소행무장고　득무량방편고
所行無障故며 得無量方便故며

섭취일체지성고　각오일체제법고
攝取一切智性故며 覺悟一切諸法故며

지일체제근고　능지설일체법고
知一切諸根故며 能持說一切法故니라

소위발기제보살십종행
所謂發起諸菩薩十種行이니라

선남자　여당승불위신지력　이연차법
善男子야 汝當承佛威神之力하야 而演此法이니라

부처님의 지혜를 자라게 하는 까닭이며, 법계에 깊이 들어가게 하는 까닭이며, 중생 세계를 분명히 알게 하는 까닭이며, 들어가는 것이 걸림이 없게 하는 까닭이며, 행하는 것이 장애가 없게 하는 까닭이며, 한량없는 방편을 얻게 하는 까닭이며, 일체 지혜의 성품을 거두어들이게 하는 까닭이며, 일체 모든 법을 깨닫게 하는 까닭이며, 일체 모든 근성을 알게 하는 까닭이며, 일체 법을 능히 지녀서 말하게 하기 위한 까닭이다.

이른바 모든 보살의 열 가지 행을 일으키는 것이다.

시시　제불　즉여공덕림보살　무애지　무
是時에 諸佛이 卽與功德林菩薩에 無礙智와 無

착지　무단지　무사지　무치지　무이지
著智와 無斷智와 無師智와 無癡智와 無異智와

무실지　무량지　무승지　무해지　무탈
無失智와 無量智와 無勝智와 無懈智와 無奪

지
智하시니라

하이고
何以故오

차삼매력　법여시고
此三昧力이 法如是故니라

이시　제불　각신우수　마공덕림보살
爾時에 諸佛이 各申右手하사 摩功德林菩薩

정
頂하시니라

선남자여, 그대는 마땅히 부처님의 위신력을 받들어 이 법을 연설할지니라."

이때에 모든 부처님께서 곧 공덕림 보살에게 걸림 없는 지혜와, 집착 없는 지혜와, 끊어짐 없는 지혜와, 스승 없는 지혜와, 어리석음 없는 지혜와, 다름없는 지혜와, 허물없는 지혜와, 한량없는 지혜와, 이길 이 없는 지혜와, 게으름 없는 지혜와, 빼앗김 없는 지혜를 주셨다.

무슨 까닭인가?

이 삼매의 힘은 법이 이와 같은 까닭이다.

이때에 모든 부처님께서 각각 오른손을 펴시

시　　공덕림보살　　즉종정기　　　고제보살
時에 功德林菩薩이 卽從定起하사 告諸菩薩

언
言하시니라

불자　　보살행　　불가사의　　여법계허공계
佛子야 菩薩行이 不可思議라 與法界虛空界

등
等하니라

하이고
何以故오

보살마하살　　학삼세제불　　　이수행고
菩薩摩訶薩이 學三世諸佛하야 而修行故니라

불자　　하등　　시보살마하살행
佛子야 何等이 是菩薩摩訶薩行고

어 공덕림 보살의 정수리를 만지셨다.

그때에 공덕림 보살이 곧 정으로부터 일어나서 모든 보살들에게 말씀하였다.

"불자들이여, 보살의 행은 불가사의하여 법계 허공계와 더불어 같다.

무슨 까닭인가?

보살마하살은 삼세의 모든 부처님께 배워서 수행하는 까닭이다.

불자들이여, 어떤 것이 보살마하살의 행인가?

불자들이여, 보살마하살이 열 가지 행이 있

불자 보살마하살 유십종행 삼세제불
佛子야 菩薩摩訶薩이 有十種行하야 三世諸佛

지소선설
之所宣說이시니라

하등 위십
何等이 爲十고

일자 환희행 이자 요익행 삼자 무
一者는 歡喜行이요 二者는 饒益行이요 三者는 無

위역행 사자 무굴요행 오자 무치란
違逆行이요 四者는 無屈撓行이요 五者는 無癡亂

행 육자 선현행 칠자 무착행 팔
行이요 六者는 善現行이요 七者는 無著行이요 八

자 난득행 구자 선법행 십자 진실
者는 難得行이요 九者는 善法行이요 十者는 眞實

행 시위십
行이니 是爲十이니라

으니, 삼세의 모든 부처님께서 말씀하시는 것이다.

무엇이 열인가?

첫째는 환희행이고, 둘째는 요익행이고, 셋째는 무위역행이고, 넷째는 무굴요행이고, 다섯째는 무치란행이고, 여섯째는 선현행이고, 일곱째는 무착행이고, 여덟째는 난득행이고, 아홉째는 선법행이고, 열째는 진실행이다.

이것이 열이다.

불자 하등 위보살마하살환희행
佛子야 何等이 爲菩薩摩訶薩歡喜行고

불자 차보살 위대시주 범소유물 실
佛子야 此菩薩이 爲大施主하야 凡所有物을 悉

능혜시 기심평등 무유회린 불망과
能惠施호대 其心平等하야 無有悔吝하며 不望果

보 불구명칭 불탐이양
報하며 不求名稱하며 不貪利養하니라

단위구호일체중생 섭수일체중생 요
但爲救護一切衆生하며 攝受一切衆生하며 饒

익일체중생
益一切衆生하니라

불자들이여, 어떤 것이 보살마하살의 환희행인가?

불자들이여, 이 보살이 큰 시주가 되어 가진 물건을 모두 능히 보시하되, 그 마음이 평등하여 후회하거나 아까워함이 없으며, 과보를 바라지 아니하며, 이름을 구하지 아니하며, 이양을 탐하지도 아니한다.

오직 일체 중생을 구호하며, 일체 중생을 거두어 주며, 일체 중생을 요익케 하기 위함이다. 모든 부처님의 본래 닦으신 행을 학습하며,

위학습제불본소수행　　억념제불본소수
爲學習諸佛本所修行하며 憶念諸佛本所修

행　　애락제불본소수행　　청정제불본소
行하며 愛樂諸佛本所修行하며 清淨諸佛本所

수행　　증장제불본소수행　　주지제불본
修行하며 增長諸佛本所修行하며 住持諸佛本

소수행　　현현제불본소수행　　연설제불
所修行하며 顯現諸佛本所修行하며 演說諸佛

본소수행　　영제중생　　이고득락
本所修行하야 令諸衆生으로 離苦得樂이니라

불자　보살마하살　수차행시　영일체중
佛子야 菩薩摩訶薩이 修此行時에 令一切衆

생　　환희애락
生으로 歡喜愛樂하니라

모든 부처님의 본래 닦으신 행을 생각하며, 모든 부처님의 본래 닦으신 행을 좋아하며, 모든 부처님의 본래 닦으신 행을 청정히 하며, 모든 부처님의 본래 닦으신 행을 증장하며, 모든 부처님의 본래 닦으신 행에 머물러 지니며, 모든 부처님의 본래 닦으신 행을 나타내며, 모든 부처님의 본래 닦으신 행을 연설하여, 모든 중생들로 하여금 괴로움을 여의고 즐거움을 얻게 하기 위함이다.

불자들이여, 보살마하살이 이 행을 닦을 때에 일체 중생으로 하여금 환희하고 즐겁게 한다.

수제방토　유빈핍처　　이원력고　왕생어
隨諸方土의 有貧乏處하야 以願力故로 往生於

피호귀대부　재보무진
彼豪貴大富의 財寶無盡하니라

가사어염념중　유무량무수중생　예보살
假使於念念中에 有無量無數衆生이 詣菩薩

소　　백언　　인자　아등　빈핍　미소자
所하야 白言호대 仁者하 我等이 貧乏하야 靡所資

섬　　기리곤고　　명장부전
贍일새 飢羸困苦하야 命將不全이로소니이다

유원자애　시아신육　　영아득식　이활기
唯願慈哀로 施我身肉하사 令我得食하야 以活其

명　　　　이시　보살　즉변시지　영기환
命하소서하면 爾時에 菩薩이 卽便施之하야 令其歡

희　　심득만족
喜하야 心得滿足케하니라

모든 국토에 몹시 가난한 곳이 있음을 따라 원력으로써 그곳의 호사스럽고 크게 부귀하여 재물과 보배가 다함이 없는 집에 왕생한다.

가령 생각생각에 한량없고 수없는 중생들이 있어 보살의 처소에 나아가 말씀드리기를 '어지신이여, 우리들이 몹시 가난하여 살림살이가 넉넉하지 못하니 굶주리고 힘이 들어 목숨을 부지할 수 없습니다.

오직 원하오니, 자애로 우리에게 몸의 살을 보시하여 우리로 하여금 먹고 그 목숨을 살리게 하소서.'라고 하면, 그때에 보살이 곧 문득 보시하여 그들로 하여금 환희하여 마음이 만

여시무량백천중생　이래걸구　　보살　어
如是無量百千衆生이 而來乞求라도 菩薩이 於

피　증무퇴겁　　단갱증장자비지심
彼에 曾無退怯하고 但更增長慈悲之心하나라

이시중생　함래걸구　보살　견지　　배부
以是衆生이 咸來乞求에 菩薩이 見之하고 倍復

환희　　작여시념　　아득선리　차등중생
歡喜하야 作如是念호대 我得善利니 此等衆生이

시아복전　　시아선우　불구불청　　이래교
是我福田이며 是我善友라 不求不請호대 而來敎

아입불법중
我入佛法中하나라

아금응당여시수학　　불위일체중생지
我今應當如是修學하야 不違一切衆生之

심
心이라하나니라

족하게 한다.

이와 같이 한량없는 백천 중생이 와서 구걸하더라도 보살은 그들에게 일찍이 물러서거나 겁냄이 없고, 다만 다시 자비한 마음이 증장한다.

그러므로 중생들이 모두 와서 구걸함에 보살이 그것을 보고 배나 다시 환희하여 이와 같이 생각하기를 '나는 좋은 이익을 얻었다. 이 중생들은 나의 복전이며 나의 선우이다. 구하지도 않고 청하지도 않았으나, 와서 나로 하여금 불법 가운데 들게 한다.

나는 지금 마땅히 이와 같이 배우고 닦아서 일

우작시념　　　원아이작현작당작소유선근
又作是念호대 願我已作現作當作所有善根으로

영아미래　어일체세계일체중생중　수광대
令我未來에 於一切世界一切衆生中에 受廣大

신　　이시신육　　충족일체기고중생　　내
身하야 以是身肉으로 充足一切飢苦衆生호대 乃

지약유일소중생　미득포족　　원불사명
至若有一小衆生이 未得飽足이라도 願不捨命하고

소할신육　역무유진
所割身肉도 亦無有盡하니라

이차선근　　원득아뇩다라삼먁삼보리
以此善根으로 願得阿耨多羅三藐三菩提하야

증대열반
證大涅槃하니라

체 중생의 마음을 어기지 아니하리라.' 고 한다.

또 이 생각을 하기를 '원하오니, 나는 이미 지었거나 지금 짓거나 장차 지을 모든 선근으로, 나로 하여금 미래에 일체 세계의 일체 중생 가운데서 넓고 큰 몸을 받아서, 이 몸의 살로써 일체 굶주려 고통스런 중생들을 충족케 하되, 내지 만약 한 조그만 중생까지라도 배부르고 만족함을 얻지 못함이 있으면 목숨을 버리지 아니하고, 베어내는 몸의 살도 또한 다하지 말아지이다.

이 선근으로 아뇩다라삼먁삼보리를 얻고 대

원제중생 식아육자 역득아뇩다라삼먁삼
願諸衆生이 食我肉者도 亦得阿耨多羅三藐三

보리 획평등지 구제불법 광작불
菩提하야 獲平等智하야 具諸佛法하야 廣作佛

사 내지입어무여열반
事하며 乃至入於無餘涅槃이니라

약일중생 심불만족 아종부증아뇩다
若一衆生이라도 心不滿足이면 我終不證阿耨多

라삼먁삼보리
羅三藐三菩提라하니라

보살 여시이익중생 이무아상 중생상
菩薩이 如是利益衆生호대 而無我想과 衆生想과

유상 명상 종종상 보가라상 인상 마
有想과 命想과 種種想과 補伽羅想과 人想과 摩

열반을 증득하기를 원한다.

나의 살을 먹은 모든 중생들도 또한 아뇩다라삼먁삼보리를 얻고 평등한 지혜를 얻어서, 모든 불법을 갖추어 널리 불사를 지으며 내지 무여열반에 들기를 원한다.

만약 한 중생이라도 마음이 만족하지 않는다면, 나는 마침내 아뇩다라삼먁삼보리를 증득하지 아니하리라.'고 한다.

보살이 이와 같이 중생을 이익케 하되 '나'라는 생각과, 중생이라는 생각과, 있다는 생각과, 목숨이라는 생각과, 갖가지라는 생각과,

납파상　작자상　수자상
納婆想과 作者想과 受者想하나라

단 관 법 계 중 생 계 무 변 제 법　공법　무소유
但觀法界衆生界無邊際法과 空法과 無所有

법　무상법　무체법　무처법　무의법　무
法과 無相法과 無體法과 無處法과 無依法과 無

작법
作法하나니라

작시관시　불견자신　불견시물　불견수
作是觀時에 不見自身하며 不見施物하며 不見受

자　불견복전　불견업　불견보　불견
者하며 不見福田하며 不見業하며 不見報하며 不見

과　불견대과　불견소과
果하며 不見大果하며 不見小果니라

보가라라는 생각과, 사람이라는 생각과, 마납파라는 생각과, 짓는 자라는 생각과, 받는 자라는 생각이 없다.

다만 법계와 중생계의 끝없는 법과, 공한 법과, 있는 바가 없는 법과, 형상 없는 법과, 체가 없는 법과, 처소가 없는 법과, 의지가 없는 법과, 지음이 없는 법을 관찰한다.

이 관찰을 할 때에 자신도 보지 않으며, 보시하는 물건도 보지 않으며, 받는 자도 보지 않으며, 복전도 보지 않으며, 업도 보지 않으며, 업보도 보지 않으며, 과보도 보지 않으며, 큰 결

이시 보살 관거래금일체중생 소수지신
爾時에 菩薩이 觀去來今一切衆生의 所受之身이

심즉괴멸 변작시념 기재 중생 우
尋卽壞滅하고 便作是念호대 奇哉라 衆生이여 愚

치무지 어생사내 수무수신 위취부
癡無智하야 於生死內에 受無數身하야 危脆不

정 속귀괴멸 약이괴멸 약금괴멸
停하야 速歸壞滅이 若已壞滅하며 若今壞滅하며

약당괴멸 이불능이불견고신 구견고
若當壞滅호대 而不能以不堅固身으로 求堅固

신
身이니라

아당진학제불소학 증일체지 지일체
我當盡學諸佛所學하야 證一切智하며 知一切

법 위제중생 설삼세평등수순적정불
法하고 爲諸衆生하야 說三世平等隨順寂靜不

과도 보지 않으며, 작은 결과도 보지 않는다.

그때에 보살이 과거와 미래와 현재의 일체 중생의 받은 몸이 곧 무너져 없어지는 것을 보고 문득 이 생각을 하기를 '기이하다, 중생들이여. 어리석고 지혜가 없어서 나고 죽는 속에서 수없는 몸을 받되, 위태하고 연약하여 머물러 있지 못하고 속히 무너져 없어짐으로 돌아간다. 혹 이미 무너져 없어졌거나, 지금 무너져 없어지거나, 장차 무너져 없어질 것이다. 능히 견고하지 못한 몸으로써 견고한 몸을 구하지 못한다.

괴법성　　영기영득안은쾌락
壞法性하야 **令其永得安隱快樂**이라하나니라

불자　시명보살마하살　제일환희행
佛子야 **是名菩薩摩訶薩**의 **第一歡喜行**이니라

내가 마땅히 모든 부처님께서 배우신 것을 다 배워서 일체 지혜를 증득하며 일체 법을 알아서, 모든 중생들을 위하여 삼세에 평등하고 적정함을 수순하는 무너지지 않는 법성을 설하여, 그들로 하여금 길이 안온한 쾌락을 얻게 하리라.'고 한다.

불자들이여, 이것이 이름이 보살마하살의 첫째 환희행이다.

불자 하등 위보살마하살 요익행
佛子야 何等이 爲菩薩摩訶薩의 饒益行고

차보살 호지정계 어색성향미촉 심무
此菩薩이 護持淨戒하야 於色聲香味觸에 心無

소착 역위중생 여시선설
所著하고 亦爲衆生하야 如是宣說하나라

불구위세 불구종족 불구부요 불구
不求威勢하며 不求種族하며 不求富饒하며 不求

색상 불구왕위 여시일체 개무소
色相하며 不求王位하야 如是一切에 皆無所

착
著하나라

단견지정계 작여시념 아지정계 필
但堅持淨戒하야 作如是念호대 我持淨戒하야 必

불자들이여, 어떤 것이 보살마하살의 요익행인가?

이 보살이 깨끗한 계를 보호하여 지녀서, 색과 소리와 냄새와 맛과 촉감에 대하여 마음이 집착하는 것이 없고, 또한 중생들을 위하여 이와 같이 설한다.

위세를 구하지 아니하며, 종족을 구하지 아니하며, 부귀를 구하지 아니하며, 색상을 구하지 아니하며, 왕위를 구하지도 아니한다. 이와 같은 일체에 다 집착하는 바가 없다.

다만 청정한 계를 견고하게 지니면서 이와

당사리일체전박　탐구열뇌　제난핍박　훼
當捨離一切纏縛과 貪求熱惱와 諸難逼迫과 毀

방난탁　　득불소찬평등정법
謗亂濁하고 得佛所讚平等正法이라하나니라

불자　보살　여시지정계시　어일일중　가
佛子야 菩薩이 如是持淨戒時에 於一日中에 假

사무수백천억나유타제대악마　예보살소
使無數百千億那由他諸大惡魔가 詣菩薩所호대

일일각장무량무수백천억나유타천녀
一一各將無量無數百千億那由他天女하야

개어오욕　선행방편　단정주려　경혹인
皆於五欲에 善行方便하며 端正姝麗하야 傾惑人

심　　집지종종진완지구　　욕래혹란보살
心이라 執持種種珍玩之具하고 欲來惑亂菩薩

같이 생각하기를 '내가 청정한 계를 지녀서 반드시 마땅히 일체 얽힘과 속박과 탐내어 구함과 뜨거운 번뇌와 모든 재난과 핍박과 훼방과 어지러이 혼탁함을 버리고 여의어, 부처님께서 칭찬하시는 평등한 정법을 얻으리라.'고 한다.

불자들이여, 보살이 이와 같이 청정한 계를 지닐 때, 하루 동안에 가령 수없는 백천억 나유타의 모든 큰 악마가 보살의 처소에 이르되, 낱낱이 각각 한량없고 수없는 백천억 나유타의 천녀를 거느렸는데, 다 오욕에 방편을 잘 행하며 단정하고 아름다워 사람의 마음을 미

도의
道意니라

이시   보살   작여시념   차오욕자   시장
爾時에 **菩薩**이 **作如是念**호대 **此五欲者**는 **是障**

도법   내지장애무상보리   시고   불생
道法이며 **乃至障礙無上菩提**라할새 **是故**로 **不生**

일념욕상   심정여불
一念欲想하야 **心淨如佛**이니라

유제방편   교화중생   이불사어일체지
唯除方便으로 **教化衆生**호대 **而不捨於一切智**

심
心이니라

불자   보살   불이욕인연고   뇌일중생
佛子야 **菩薩**이 **不以欲因緣故**로 **惱一衆生**이니

혹하게 하며, 갖가지 진귀한 완구를 가지고 와
서, 보살의 도의 뜻을 미혹하고 어지럽게 하고
자 한다.

그때에 보살이 이와 같이 생각하기를 '이 오
욕은 도를 장애하는 법이며, 내지 위없는 보리
까지도 장애하는 것이다.' 라고 한다. 그러므로
잠깐도 탐욕의 생각을 내지 아니하여 마음이
깨끗하기가 부처님과 같다.

오직 방편으로 중생을 교화하되 일체 지혜의
마음을 버리지 않는 것은 제외한다.

불자들이여, 보살은 탐욕의 인연 때문으로는

영사신명　　이종부작뇌중생사　　보살
寧捨身命이언정 而終不作惱衆生事하나니라 菩薩이

자득견불이래　미증심생일념욕상　　하
自得見佛已來로 未曾心生一念欲想이어든 何

황종사　약혹종사　　무유시처
況從事아 若或從事인댄 無有是處니라

이시　보살　단작시념　　일체중생　어장
爾時에 菩薩이 但作是念호대 一切衆生이 於長

야중　상념오욕　취향오욕　탐착오욕
夜中에 想念五欲하며 趣向五欲하며 貪著五欲하며

기심결정　탐염　침닉　수기유전　부
其心決定하며 耽染하며 沈溺하며 隨其流轉하며 不

득자재
得自在하나니라

아금응당영차제마　급제천녀　일체중생
我今應當令此諸魔와 及諸天女와 一切衆生으로

한 중생도 괴롭게 하지 아니하니, 차라리 신명을 버릴지언정 끝내 중생을 괴롭게 하는 일을 하지 아니한다. 보살이 부처님을 친견한 이래로 일찍이 마음에 잠깐도 탐욕의 생각을 내지 아니하였는데, 어찌 하물며 종사하리오. 만약 혹 종사한다면 옳지 않다.

그때에 보살은 다만 이 생각을 하기를 '일체중생이 오랜 세월에 오욕을 생각하며, 오욕으로 향하여 나아가며, 오욕을 탐착하면서, 그 마음에 결정하여 즐겨 물들고 빠져서 그를 따라 유전하고 자재함을 얻지 못하는 것이다.

내가 이제 마땅히 이 모든 마군들과 모든 천

주무상계　　주정계이　　어일체지　심무
住無上戒하고 住淨戒已하야는 於一切智에 心無

퇴전　　　득아뇩다라삼먁삼보리　　내지입
退轉하야 得阿耨多羅三藐三菩提하며 乃至入

어무여열반
於無餘涅槃케호리라

하이고
何以故오

차시아등　소응작업　　응수제불　　여시수
此是我等의 所應作業이라 應隨諸佛하야 如是修

학
學이라하나니라

작시학이　이제악행　계아무지　　이지입
作是學已에 離諸惡行과 計我無知하고 以智入

녀들과 일체 중생으로 하여금 위없는 계에 머무르고, 청정한 계에 머물러서는 일체지에 마음이 퇴전함이 없어서 아뇩다라삼먁삼보리를 얻으며 내지 무여열반에 들게 할 것이다.

무슨 까닭인가?

이것은 우리가 마땅히 지어야 할 업이다. 마땅히 모든 부처님을 따라서 이와 같이 수학해야 할 것이다.'라고 한다.

이렇게 배우고는 모든 나쁜 행동과 '나'라고 헤아리는 무지를 여의고, 지혜로 일체 부처님 법에 들어가서 중생들을 위해 설하여 전도를

어일체불법　　위중생설　　영제전도
於一切佛法하야 爲衆生說하야 令除顚倒하나니라

연지불리중생　　유전도　　불리전도　　유중
然知不離衆生하고 有顚倒요 不離顚倒하고 有衆

생　　불어전도내　　유중생　　불어중생내　　유
生이며 不於顚倒內에 有衆生이요 不於衆生內에 有

전도　　역비전도　　시중생　　역비중생　　시
顚倒며 亦非顚倒가 是衆生이요 亦非衆生이 是

전도　　전도　　비내법　　전도　　비외법　　중
顚倒며 顚倒가 非內法이요 顚倒가 非外法이며 衆

생　　비내법　　중생　　비외법
生이 非內法이요 衆生이 非外法이라

일체제법　　허망부실　　속기속멸　　무유
一切諸法이 虛妄不實하야 速起速滅하야 無有

견고　　여몽여영　　여환여화　　광혹우
堅固호미 如夢如影하며 如幻如化하야 誑惑愚

버리게 한다.

그러나 중생을 떠나서 전도가 있지 않고 전도를 떠나서 중생이 있지 않으며, 전도 속에 중생이 있지 않고 중생 속에 전도가 있지 않다. 또한 전도가 중생도 아니고 또한 중생이 전도도 아니다. 전도가 안의 법도 아니고 전도가 밖의 법도 아니며, 중생이 안의 법도 아니고 중생이 밖의 법도 아님을 안다.

일체 모든 법이 허망하고 진실하지 못하여 속히 일어나고 속히 없어져서 견고하지 않음이, 꿈 같고 그림자 같으며 환 같고 변화함과 같아서 어리석은 이를 속여 미혹하게 하는 것

부
夫하나니라

여시해자   즉능각료일체제행   통달생사
如是解者는 卽能覺了一切諸行이라 通達生死와

급여열반   증불보리
及與涅槃하야 證佛菩提하나니라

자득도   영타득도   자해탈   영타해
自得度하고 令他得度하며 自解脫하고 令他解

탈   자조복   영타조복   자적정   영타
脫하며 自調伏하고 令他調伏하며 自寂靜하고 令他

적정
寂靜하나니라

자안은   영타안은   자이구   영타이
自安隱하고 令他安隱하며 自離垢하고 令他離

구   자청정   영타청정
垢하며 自淸淨하고 令他淸淨하나니라

이다.

이와 같이 아는 자는 곧 일체 모든 행을 능히 깨달아 생사와 열반을 통달하여 부처님의 보리를 증득한다.

스스로 득도하고 다른 이도 득도하게 하며, 스스로 해탈하고 다른 이도 해탈하게 하며, 스스로 조복하고 다른 이도 조복하게 하며, 스스로 적정하고 다른 이도 적정하게 한다.

스스로 안온하고 다른 이도 안온하게 하며, 스스로 때를 여의고 다른 이도 때를 여의게 하며, 스스로 청정하고 다른 이도 청정하게 한다.

자열반   영타열반   자쾌락   영타쾌
自涅槃하고 **令他涅槃**하며 **自快樂**하고 **令他快**

락
樂이니라

불자   차보살   부작시념   아당수순일체
佛子야 **此菩薩**이 **復作是念**호대 **我當隨順一切**

여래   이일체세간행   구일체제불법
如來하야 **離一切世間行**하며 **具一切諸佛法**하며

주무상평등처   등관중생   명달경계
住無上平等處하며 **等觀衆生**하며 **明達境界**하며

이제과실   단제분별   사제집착   선교
離諸過失하며 **斷諸分別**하며 **捨諸執著**하며 **善巧**

출리
出離하니라

스스로 열반하고 다른 이도 열반하게 하며,
스스로 쾌락하고 다른 이도 쾌락하게 한다.

불자들이여, 이 보살이 다시 이 생각을 하기를 '나는 마땅히 일체 여래를 따라서 일체 세간의 행을 여의며, 일체 모든 부처님 법을 갖추며, 위없는 평등한 곳에 머무르며, 중생을 평등하게 보며, 경계를 밝게 통달하며, 모든 허물을 여의며, 모든 분별을 끊으며, 모든 집착을 버리며, 공교하게 벗어나 여의리라.

마음은 항상 위없고 말함이 없고 의지함이

심항안주무상무설무의무동무량무변무진
心恒安住無上無說無依無動無量無邊無盡

무색심심지혜
無色甚深智慧라하나니라

불자　시명보살마하살　제이요익행
佛子야 是名菩薩摩訶薩의 第二饒益行이니라

없고 동요가 없고 한량없고 가없고 다함없고

색상이 없는 매우 깊은 지혜에 안주하리라.'

고 한다.

불자들이여, 이것이 이름이 보살마하살의 둘

째 요익행이다.

불자　　하등　　위보살마하살　　무위역행
佛子야 何等이 爲菩薩摩訶薩의 無違逆行고

차보살　　상수인법　　　겸하공경　　　부자해
此菩薩이 常修忍法하야 謙下恭敬하야 不自害하고

불타해　　　불양해　　　부자취　　　불타취　　　불
不他害하고 不兩害하며 不自取하고 不他取하고 不

양취
兩取하니라

부자착　　　불타착　　　불양착　　　역불탐구명
不自著하고 不他著하고 不兩著하며 亦不貪求名

문이양
聞利養하니라

단작시념　　아당상위중생설법　　　영리일
但作是念호대 我當常爲衆生說法하야 令離一

불자들이여, 어떤 것이 보살마하살의 무위역 행인가?

이 보살이 항상 인욕하는 법을 닦아 겸손하게 자기를 낮추고 공경하여, 스스로 해치지 아니하고 다른 이를 해치지 아니하며 둘 다 해치지 아니한다. 스스로 취하지 아니하고 다른 이를 취하게 하지 아니하며 둘 다 취하지 아니한다.

스스로 집착하지 아니하고 다른 이를 집착하게 하지 아니하며 둘 다 집착하지 아니한다. 또한 명예와 이양도 탐하여 구하지 아니한다.

체악　　단탐진치　　교만부장　　간질첨광
切惡하고 斷貪瞋癡와 憍慢覆藏과 慳嫉諂誑하야

영항안주인욕유화
令恒安住忍辱柔和라하나니라

불자　보살　성취여시인법
佛子야 菩薩이 成就如是忍法하나라

가사유백천억나유타아승지중생　　내지기
假使有百千億那由他阿僧祇衆生이 來至其

소　　일일중생　　화작백천억나유타아승지
所하야 一一衆生이 化作百千億那由他阿僧祇

구　　일일구　　출백천억나유타아승지어
口하고 一一口에 出百千億那由他阿僧祇語하나라

소위불가희어　　비선법어　　불열의어　　불가
所謂不可喜語와 非善法語와 不悅意語와 不可

다만 이 생각을 하기를 '내가 마땅히 항상 중생들을 위하여 법을 설하여 일체 악을 여의고, 탐욕과 성냄과 어리석음과 교만과 덮어 감춤과 간탐과 질투와 아첨과 속임을 끊게 하여, 항상 인욕과 부드럽고 온화함에 안주하게 하리라.'고 한다.

불자들이여, 보살이 이와 같이 참는 법을 성취한다.

가령 백천억 나유타 아승지 중생들이 그곳에 와서, 낱낱 중생이 백천억 나유타 아승지 입을 변화하여 만들어 낱낱 입으로 백천억 나유타

애어　비인현어　비성지어　비성상응어
愛語와 非仁賢語와 非聖智語와 非聖相應語와

비성친근어　심가염오어　불감청문어　이
非聖親近語와 深可厭惡語와 不堪聽聞語니 以

시언사　훼욕보살
是言辭로 毁辱菩薩하나라

우차중생　일일각유백천억나유타아승지
又此衆生이 一一各有百千億那由他阿僧祇

수　　일일수　각집백천억나유타아승지기
手호대 一一手에 各執百千億那由他阿僧祇器

장　핍해보살　여시경어아승지겁　증
仗하고 逼害菩薩하야 如是經於阿僧祇劫토록 曾

무휴식
無休息하나라

보살　조차극대초독　신모개수　명장욕
菩薩이 遭此極大楚毒하야 身毛皆豎하야 命將欲

아승지 말을 한다.

이른바 기쁘지 않은 말과, 선법이 아닌 말과, 뜻에 기쁘지 않은 말과, 사랑할 수 없는 말과, 어질지 못한 말과, 성인의 지혜가 아닌 말과, 성인과 맞지 않는 말과, 성인에게 친근할 수 없는 말과, 매우 싫은 말과, 차마 들을 수 없는 말이다. 이러한 말로 보살을 헐뜯고 욕한다.

또 이 중생들이 낱낱이 각각 백천억 나유타 아승지 손을 가졌고, 낱낱 손에 각각 백천억 나유타 아승지 병장기를 들고 보살을 핍박하고 해친다. 이와 같이 아승지겁이 지나도록 일찍이 휴식함이 없다.

단　　작시념언
斷이라도　作是念言하니라

아인시고　　심약동란　　즉자부조복　　자
我因是苦하야　心若動亂이면　則自不調伏하며　自

불수호　　자불명료
不守護하며　自不明了하니라

자불수습　　자불정정　　자불적정　　자불
自不修習하며　自不正定하며　自不寂靜하며　自不

애석　　자생집착　　하능영타　　심득청
愛惜하며　自生執著하리니　何能令他로　心得淸

정
淨이리오하나니라

보살　이시　부작시념　　아종무시겁　　주
菩薩이　爾時에　復作是念호대　我從無始劫으로　住

보살이 이 극심한 큰 고초를 당하여 몸의 털이 다 곤두서고 생명이 장차 끊어지려고 하더라도 이렇게 생각하여 말한다.

'내가 이 고통으로 인하여 마음이 만약 흔들리면, 곧 스스로 조복하지 못하며, 스스로 수호하지 못하며, 스스로 분명히 알지 못한다.

스스로 닦아 익히지 못하며, 스스로 바르게 정하지 못하며, 스스로 적정하지 못하며, 스스로 아끼지 못하며, 스스로 집착을 내는 것이다. 어떻게 능히 다른 이로 하여금 마음이 청정함을 얻게 하겠는가.'라고 한다.

어생사 　수제고뇌
於生死하야 受諸苦惱라하니라

여시사유 　중자권려 　영심청정 　이득
如是思惟하고 重自勸勵하야 令心淸淨하야 而得

환희
歡喜하니라

선자조섭 　자능안주어불법중 　역령중
善自調攝하야 自能安住於佛法中하고 亦令衆

생 　동득차법
生으로 同得此法이니라

부갱사유 　차신 　공적 　무아아소 　무
復更思惟호대 此身이 空寂하야 無我我所하며 無

유진실 　성공무이 　약고약락 　개무소
有眞實하며 性空無二하며 若苦若樂이 皆無所

보살이 이때에 다시 이 생각을 하기를 '내가 시작도 없는 겁으로부터 생사에 머무르면서 모든 고통을 받았다.' 라고 한다.

이와 같이 사유하고 거듭 스스로 권장해서 마음이 청정하여 환희를 얻게 한다.

스스로 잘 조화하고 거두어들여서 스스로 능히 불법 가운데 안주하고, 또한 중생으로 하여금 함께 이 법을 얻게 한다.

다시 사유하기를 '이 몸이 공적하여 '나'와 '내 것'이 없으며, 진실함이 없으며, 성품이 공하여 둘이 없으며, 괴로움과 즐거움이 다 있는

유
有하니라

제법공고　아당해료　광위인설　영제중
諸法空故로 我當解了하야 廣爲人說하야 令諸衆

생　　멸제차견　　시고아금　　수조고독
生으로 滅除此見이라 是故我今에 雖遭苦毒이나

응당인수
應當忍受니라

위자념중생고　요익중생고　안락중생고
爲慈念衆生故며 饒益衆生故며 安樂衆生故며

연민중생고
憐愍衆生故라

섭수중생고　불사중생고　자득각오고　영
攝受衆生故며 不捨衆生故며 自得覺悟故며 令

바가 없다.

모든 법이 공한 까닭으로 내가 마땅히 이해하고 알아서, 널리 다른 사람을 위해 말하여 모든 중생들로 하여금 이 소견을 없애게 할 것이다. 그러므로 내가 지금 비록 고초를 당해도 마땅히 참고 견디어야 한다.

중생을 자애로 염려하는 까닭이며, 중생을 요익케 하는 까닭이며, 중생을 안락케 하는 까닭이며, 중생을 가엾게 여기는 까닭이다.

중생을 섭수하는 까닭이며, 중생을 버리지 않는 까닭이며, 스스로 깨달음을 얻는 까닭이

타각오고　심불퇴전고　취향불도고
他覺悟故며 心不退轉故며 趣向佛道故라하나니라

시명보살마하살　제삼무위역행
是名菩薩摩訶薩의 第三無違逆行이니라

며, 다른 이를 깨닫게 하려는 까닭이며, 마음
이 퇴전하지 않는 까닭이며, 부처님 도를 향하
여 나아가기 위한 까닭이다.' 라고 한다.

이것이 이름이 보살마하살의 셋째 무위역행
이다.

불자 하등 위보살마하살 무굴요행
佛子야 何等이 爲菩薩摩訶薩의 無屈撓行고

차보살 수제정진 소위제일정진 대정
此菩薩이 修諸精進호대 所謂第一精進과 大精

진 승정진 수승정진 최승정진 최묘정
進과 勝精進과 殊勝精進과 最勝精進과 最妙精

진 상정진 무상정진 무등정진 보변정
進과 上精進과 無上精進과 無等精進과 普徧精

진
進이니라

성무삼독 성무교만 성불부장 성불
性無三毒하며 性無憍慢하며 性不覆藏하며 性不

불자들이여, 어떤 것이 보살마하살의 무굴요
행인가?

이 보살이 모든 정진을 닦는다. 이른바 제일
정진과, 큰 정진과, 수승한 정진과, 특히 수승
한 정진과, 가장 수승한 정진과, 가장 묘한 정
진과, 높은 정진과, 위없는 정진과, 같음이 없
는 정진과, 널리 두루한 정진이다.

성품에 삼독이 없으며, 성품에 교만이 없으
며, 성품에 덮어 숨김이 없으며, 성품에 간탐
과 질투가 없으며, 성품에 아첨과 속임이 없으

85

간질　　성무첨광　　성자참괴　　종불위뇌
慳嫉하며 **性無諂誑**하며 **性自慚愧**하야 **終不爲惱**

일중생고　　이행정진
一衆生故로 **而行精進**이요

단위단일체번뇌고　　이행정진　　단위발일
但爲斷一切煩惱故로 **而行精進**하며 **但爲拔一**

체혹본고　　이행정진　　단위제일체습기고
切惑本故로 **而行精進**하며 **但爲除一切習氣故**로

이행정진
而行精進하나라

단위지일체중생계고　　이행정진　　단위지
但爲知一切衆生界故로 **而行精進**하며 **但爲知**

일체중생　　사차생피고　　이행정진　　단위
一切衆生의 **死此生彼故**로 **而行精進**하며 **但爲**

며, 성품이 스스로 부끄러워한다. 마침내 한 중생이라도 괴롭게 하려는 까닭으로 정진을 행하지 아니한다.

오직 일체 번뇌를 끊기 위한 까닭으로 정진을 행하며, 오직 일체 미혹의 근본을 뽑기 위한 까닭으로 정진을 행하며, 오직 일체 습기를 없애기 위한 까닭으로 정진을 행한다.

오직 일체 중생의 세계를 알기 위한 까닭으로 정진을 행하며, 오직 일체 중생이 여기서 죽어 저기에서 태어나는 것을 알기 위한 까닭으로 정진을 행하며, 오직 일체 중생의 번뇌를

지일체중생번뇌고　이행정진
知一切衆生煩惱故로 而行精進하니라

단위지일체중생심락고　이행정진　단위
但爲知一切衆生心樂故로 而行精進하며 但爲

지일체중생경계고　이행정진　단위지일
知一切衆生境界故로 而行精進하며 但爲知一

체중생　제근승렬고　이행정진
切衆生의 諸根勝劣故로 而行精進하니라

단위지일체중생심행고　이행정진　단위
但爲知一切衆生心行故로 而行精進하며 但爲

지일체법계고　이행정진　단위지일체불
知一切法界故로 而行精進하며 但爲知一切佛

법근본성고　이행정진
法根本性故로 而行精進하니라

단위지일체불법평등성고　이행정진　단
但爲知一切佛法平等性故로 而行精進하며 但

알기 위한 까닭으로 정진을 행한다.

오직 일체 중생의 마음에 즐거함을 알기 위한 까닭으로 정진을 행하며, 오직 일체 중생의 경계를 알기 위한 까닭으로 정진을 행하며, 오직 일체 중생의 모든 근이 수승하고 하열함을 알기 위한 까닭으로 정진을 행한다.

오직 일체 중생의 마음이 행함을 알기 위한 까닭으로 정진을 행하며, 오직 일체 법계를 알기 위한 까닭으로 정진을 행하며, 오직 일체 불법의 근본 성품을 알기 위한 까닭으로 정진을 행한다.

오직 일체 불법의 평등한 성품을 알기 위한

위 지 삼 세 평 등 성 고　　이 행 정 진　　단 위 득 일
爲知三世平等性故로 **而行精進**하며 **但爲得一**

체 불 법 지 광 명 고　　이 행 정 진
切佛法智光明故로 **而行精進**하니라

단 위 증 일 체 불 법 지 고　　이 행 정 진　　단 위 지
但爲證一切佛法智故로 **而行精進**하며 **但爲知**

일 체 불 법 일 실 상 고　　이 행 정 진
一切佛法一實相故로 **而行精進**하니라

단 위 지 일 체 불 법 무 변 제 고　　이 행 정 진　　단
但爲知一切佛法無邊際故로 **而行精進**하며 **但**

위 득 일 체 불 법 광 대 결 정 선 교 지 고　　이 행 정
爲得一切佛法廣大決定善巧智故로 **而行精**

진
進하니라

단 위 득 분 별 연 설 일 체 불 법 구 의 지 고　　이 행
但爲得分別演說一切佛法句義智故로 **而行**

까닭으로 정진을 행하며, 오직 삼세의 평등한 성품을 알기 위한 까닭으로 정진을 행하며, 오직 일체 불법의 지혜 광명을 얻기 위한 까닭으로 정진을 행한다.

오직 일체 불법의 지혜를 증득하기 위한 까닭으로 정진을 행하며, 오직 일체 불법의 한 실상을 알기 위한 까닭으로 정진을 행한다.

오직 일체 불법의 끝없음을 알기 위한 까닭으로 정진을 행하며, 오직 일체 불법의 넓고 크며 결정하고 공교한 지혜를 얻기 위한 까닭으로 정진을 행한다.

오직 일체 불법의 구절과 뜻을 분별하여 연

정진
精進하나라

불자 보살마하살   성취여시정진행이   설
佛子야 菩薩摩訶薩이 成就如是精進行已에 設

유인 언   여파능위무수세계   소유중생
有人이 言호대 汝頗能爲無數世界의 所有衆生하야

이일일중생고   어아비지옥   경무수겁
以一一衆生故로 於阿鼻地獄에 經無數劫토록

비수중고   영피중생   일일득치무수제
備受衆苦하야 令彼衆生으로 一一得値無數諸

불   출흥어세   이견불고   구수중락   내
佛이 出興於世하고 以見佛故로 具受衆樂하며 乃

지입어무여열반   여내당성아뇩다라삼
至入於無餘涅槃하야사 汝乃當成阿耨多羅三

설하는 지혜를 얻기 위한 까닭으로 정진을 행하는 것이다.

불자들이여, 보살마하살이 이러한 정진행을 성취하고는, 가령 어떤 사람이 말하기를 '그대가 능히 수없는 세계에 있는 중생들을 위하여, 낱낱 중생 때문에 아비지옥에서 수없는 겁을 지내도록 온갖 고통을 모두 받으면서, 저 중생들로 하여금 낱낱이 수없는 모든 부처님께서 세상에 출현하심을 만나게 하고, 부처님을 친견한 까닭으로 온갖 즐거움을 갖추어 받으며 내지 무여열반에 들게 하고서야, 그대가

막삼보리   능이불야   답언아능
藐三菩提하리니 能爾不耶아하면 荅言我能이니라

설부유인   작여시언   유무량아승지대해
設復有人이 作如是言호대 有無量阿僧祇大海어든

여당이일모단   적지영진   유무량아승
汝當以一毛端으로 滴之令盡하며 有無量阿僧

지세계   진말위진
祇世界어든 盡抹爲塵하니라

피적급진   일일수지   실지기수   위중
彼滴及塵을 一一數之하야 悉知其數하야 爲衆

생고   경이허겁   어염념중   수고부단
生故로 經爾許劫토록 於念念中에 受苦不斷이라도

보살   불이문차어고   이생일념회한지
菩薩이 不以聞此語故로 而生一念悔恨之

심
心하니라

마땅히 아뇩다라삼먁삼보리를 이룰 것이니, 그렇게 할 수 있겠는가?' 하면, '내가 능히 그렇게 하겠노라.'고 대답하리라.

가령 다시 어떤 사람이 이와 같이 말하기를 '한량없는 아승지 큰 바다가 있는데 그대가 마땅히 한 털끝으로 찍어내어 다하게 하며, 한량없는 아승지 세계가 있는데 다 부수어 티끌을 만든다.

그 물방울과 티끌을 낱낱이 세어 그 수효를 모두 알고, 중생들을 위하는 까닭으로 그렇게 많은 겁을 지내도록 생각생각에 고통받음을 끊임없이 하라.'고 하더라도, 보살이 이 말

단갱증상환희용약　　심자경행　　득대선
但更增上歡喜踊躍하야 **深自慶幸**호대 **得大善**

리　　이아력고　　영피중생　　영탈제고
利로다 **以我力故**로 **令彼衆生**으로 **永脫諸苦**하니라

보살　　이차소행방편　　어일체세계중　　영
菩薩이 **以此所行方便**으로 **於一切世界中**에 **令**

일체중생　　내지구경무여열반
一切衆生으로 **乃至究竟無餘涅槃**하나니라

시명보살마하살　　제사무굴요행
是名菩薩摩訶薩의 **第四無屈撓行**이니라

을 들은 까닭으로 잠깐이라도 후회하는 마음을 내지 아니한다.

오직 다시 더욱 환희 용약하여 깊이 스스로 기쁘고 다행하게 생각하되 '크고 좋은 이익을 얻었다. 나의 힘으로써 저 중생들로 하여금 모든 고통에서 길이 벗어나게 하리라.'고 한다.

보살이 이렇게 행하는 방편으로 일체 세계의 일체 중생으로 하여금 이에 구경의 무여열반에 이르게 한다.

이것이 이름이 보살마하살의 넷째 무굴요행이다.

불자 하등 위보살마하살 이치란행
佛子야 何等이 爲菩薩摩訶薩의 離癡亂行고

차보살 성취정념 심무산란 견고부
此菩薩이 成就正念하야 心無散亂하며 堅固不

동 최상청정 광대무량 무유미혹
動하며 最上淸淨하며 廣大無量하며 無有迷惑이라

이시정념고 선해세간일체어언 능지출
以是正念故로 善解世間一切語言하고 能持出

세제법언설
世諸法言說하나니라

소위능지색법비색법언설 능지건립색자
所謂能持色法非色法言說하며 能持建立色自

불자들이여, 어떤 것이 보살마하살의 이치란 행인가?

이 보살이 바른 생각을 성취하여 마음이 산란하지 않고, 견고하여 흔들리지 않으며, 가장 높고 청정하며, 넓고 크고 한량없으며, 미혹함이 없다.

이 바른 생각으로 세간의 일체 언어를 잘 이해하고, 출세간의 모든 법의 말을 능히 지닌다.

이른바 색법과 색이 아닌 법의 말을 능히 지

성언설　　내지능지건립수상행식자성언설
性言說하며 乃至能持建立受想行識自性言說에

심무치란
心無癡亂하나라

어세간중사차생피　심무치란
於世間中死此生彼에 心無癡亂하며

입태출태　심무치란
入胎出胎에 心無癡亂하며

발보리의　심무치란
發菩提意에 心無癡亂하며

사선지식　심무치란
事善知識에 心無癡亂하며

근수불법　심무치란
勤修佛法에 心無癡亂하며

각지마사　심무치란
覺知魔事에 心無癡亂하며

니며, 색의 자성을 건립하는 말을 능히 지니며, 내지 수·상·행·식의 자성을 건립하는 말을 능히 지니어, 마음이 어리석거나 산란함이 없다.

세간 가운데 여기서 죽고 저기에서 태어남에 마음이 어리석거나 산란함이 없으며, 태에 들고 태에서 나옴에 마음이 어리석거나 산란함이 없으며, 보리의 뜻을 냄에 마음이 어리석거나 산란함이 없으며, 선지식을 섬김에 마음이 어리석거나 산란함이 없다.

불법을 부지런히 닦음에 마음이 어리석거나 산란함이 없으며, 마군의 일을 앎에 마음이

이제마업　심무치란
離諸魔業에 心無癡亂하며

어불가설겁수보살행　심무치란
於不可說劫修菩薩行에 心無癡亂이니라

차보살　성취여시무량정념　어무량아승
此菩薩이 成就如是無量正念하고 於無量阿僧

지겁중　종제불보살선지식소　청문정
祇劫中에 從諸佛菩薩善知識所하야 聽聞正

법
法하나니라

소위심심법　광대법　장엄법　종종장엄법
所謂甚深法과 廣大法과 莊嚴法과 種種莊嚴法과

연설종종명구문신법
演說種種名句文身法이니라

어리석거나 산란함이 없으며, 모든 마군의 업을 여읨에 마음이 어리석거나 산란함이 없으며, 말할 수 없는 겁 동안 보살행을 닦음에 마음이 어리석거나 산란함이 없다.

이 보살이 이와 같이 한량없는 바른 생각을 성취하고는, 한량없는 아승지겁 동안 모든 부처님과 보살과 선지식 처소에서 바른 법을 듣는다.

이른바 매우 깊은 법과, 넓고 큰 법과, 장엄한 법과, 갖가지 장엄한 법과, 갖가지 단어·문구·글자들을 연설하는 법이다.

보살장엄법　　불신력광명무상법　　정희망결
菩薩莊嚴法과 佛神力光明無上法과 正希望決

정해청정법
定解淸淨法이니라

불착일체세간법　　분별일체세간법　　심광대
不著一切世間法과 分別一切世間法과 甚廣大

법　　이치예조료일체중생법
法과 離癡翳照了一切衆生法이니라

일체세간공법불공법　　보살지무상법　　일체
一切世間共法不共法과 菩薩智無上法과 一切

지자재법
智自在法이니라

보살　　청문여시법이　　경아승지겁　　　불망
菩薩이 聽聞如是法已에 經阿僧祇劫토록 不忘

불실　　심상억념　　무유간단
不失하고 心常憶念하야 無有間斷이니라

보살의 장엄하는 법과, 부처님의 위신력과 광명의 위없는 법과, 바른 희망으로 결정한 이해인 청정한 법이다.

일체 세간에 집착하지 않는 법과, 일체 세간을 분별하는 법과, 매우 넓고 큰 법과, 어리석음을 여의어 일체 중생을 비추는 법이다.

일체 세간이 함께하는 법과 함께하지 않는 법과, 보살 지혜의 위없는 법과, 일체지의 자재한 법이다.

보살이 이와 같은 법을 듣고는 아승지겁을 지내도록 잊어버리지 않고, 잃어버리지 않고, 마음에 항상 기억하여 끊어짐이 없다.

하이고　보살마하살　어무량겁　수제행
何以故오 菩薩摩訶薩이 於無量劫에 修諸行

시　종불뇌란일중생　영실정념　불괴정
時에 終不惱亂一衆生하야 令失正念하야 不壞正

법　부단선근　심상증장광대지고
法하며 不斷善根하야 心常增長廣大智故니라

부차차보살마하살　종종음성　불능혹
復次此菩薩摩訶薩은 種種音聲이 不能惑

란
亂하나니라

소위고대성　추탁성　극령인공포성　열
所謂高大聲과 麁濁聲과 極令人恐怖聲과 悅

의성　불열의성　훤란이식성　저괴육근
意聲과 不悅意聲과 諠亂耳識聲과 沮壞六根

무슨 까닭인가? 보살마하살이 한량없는 겁 동안 모든 행을 닦을 때에 마침내 한 중생이라도 괴롭고 어지럽게 해서 바른 생각을 잃어버리게 하지 아니하며, 바른 법을 파괴하지 아니하며, 선근을 끊지 아니하여 마음에 항상 넓고 큰 지혜를 증장하게 하는 까닭이다.

다시 또 이 보살마하살은 갖가지 음성이 능히 미혹하고 산란하게 하지 못한다.

이른바 높고 큰 음성과, 거칠고 탁한 음성과, 지극히 사람을 두렵게 하는 음성과, 뜻에 기쁜 음성과, 뜻에 기쁘지 않은 음성과, 이식을

성
聲이라

차보살 문여시등무량무수호오음성
此菩薩이 聞如是等無量無數好惡音聲호대

가사충만아승지세계 미증일념심유산
假使充滿阿僧祇世界라도 未曾一念心有散

란
亂하나니라

소위정념불란 경계불란 삼매불란 입
所謂正念不亂과 境界不亂과 三昧不亂과 入

심심법불란 행보리행불란 발보리심불
甚深法不亂과 行菩提行不亂과 發菩提心不

란 억념제불불란 관진실법불란 화중생
亂과 憶念諸佛不亂과 觀眞實法不亂과 化衆生

시끄럽게 하는 음성과, 육근을 망가뜨리는 음성이다.

이 보살은 이와 같이 한량없고 수없는 좋고 싫은 음성을 듣되, 가령 아승지 세계에 가득하더라도 일찍이 잠깐 동안이라도 마음이 산란하지 아니한다.

이른바 바른 생각이 산란하지 않고, 경계가 산란하지 않고, 삼매가 산란하지 않고, 매우 깊은 법에 들어감이 산란하지 않고, 보리행을 행함이 산란하지 않고, 보리심을 내는 것이 산란하지 않고, 모든 부처님을 기억함이 산

지불란   정중생지불란   결료심심의불
智不亂과 淨衆生智不亂과 決了甚深義不

란
亂이니라

부작악업고   무악업장   불기번뇌고   무
不作惡業故로 無惡業障하며 不起煩惱故로 無

번뇌장   불경만법고   무유법장   불비방
煩惱障하며 不輕慢法故로 無有法障하며 不誹謗

정법고   무유보장
正法故로 無有報障하니라

불자   여상소설여시등성   일일충만아승지
佛子야 如上所說如是等聲이 一一充滿阿僧祇

란하지 않고, 진실한 법을 관찰함이 산란하지 않고, 중생을 교화하는 지혜가 산란하지 않고, 중생을 청정하게 하는 지혜가 산란하지 않고, 매우 깊은 이치를 결정적으로 아는 것이 산란하지 아니한다.

악업을 짓지 아니하므로 악업의 장애가 없으며, 번뇌를 일으키지 아니하므로 번뇌의 장애가 없으며, 법을 가벼이 여기지 아니하므로 법의 장애가 없으며, 정법을 비방하지 아니하므로 과보의 장애가 없다.

세계   어무량무수겁   미증단절   실능괴
世界하야 於無量無數劫에 未曾斷絶하야 悉能壞

란중생신심   일체제근   이불능괴차보살
亂衆生身心의 一切諸根호대 而不能壞此菩薩

심
心이니라

보살   입삼매중   주어성법   사유관찰일
菩薩이 入三昧中하야 住於聖法에 思惟觀察一

체음성   선지음성   생주멸상   선지음
切音聲하야 善知音聲의 生住滅相하며 善知音

성   생주멸성
聲의 生住滅性하나니라

여시문이   불생어탐   불기어진   불실어
如是聞已에 不生於貪하며 不起於瞋하며 不失於

불자들이여, 위에 말한 바와 같이 이러한 음성들이 낱낱이 아승지 세계에 가득하여 한량없고 수없는 겁에 일찍이 끊어지지 아니하여 중생의 몸과 마음의 일체 모든 근을 모두 능히 무너뜨리더라도 이 보살의 마음은 능히 무너뜨리지 못한다.

보살이 삼매에 들어 성인의 법에 머무르고, 일체 음성을 사유하고 관찰하여 음성의 생겨나고 머무르고 소멸하는 모양을 잘 알며, 음성의 생겨나고 머무르고 소멸하는 성품을 잘 안다.

념　　선 취 기 상　　　이 불 염 착
念하야 善取其相호대 而不染著하니라

지 일 체 성　　개 무 소 유　　　실 불 가 득　　　무 유 작
知一切聲이 皆無所有하야 實不可得이라 無有作

자　　역 무 본 제　　　여 법 계 등　　　무 유 차 별
者하며 亦無本際하야 與法界等하야 無有差別이니라

보 살　　여 시 성 취 적 정 신 어 의 행　　지 일 체 지
菩薩이 如是成就寂靜身語意行에 至一切智하야

영 불 퇴 전　　　선 입 일 체 제 선 정 문　　　지 제 삼
永不退轉하고 善入一切諸禪定門하야 知諸三

매　　동 일 체 성
昧가 同一體性하나니라

요 일 체 법　　무 유 변 제　　　득 일 체 법 진 실 지
了一切法이 無有邊際하며 得一切法眞實智

이와 같이 듣고는 탐함을 내지 아니하며, 성을 내지 아니하며, 생각을 잃지 아니하며, 그 모양을 잘 취하되 염착하지 아니한다.

일체 음성이 다 있는 바가 없어서 실로 얻을 수 없으며, 짓는 이도 없고 또한 근본의 경계도 없어서 법계와 더불어 평등하여 차별이 없음을 안다.

보살이 이와 같이 적정한 몸과 말과 뜻으로 하는 행을 성취함에 일체지에 이르러 영원히 퇴전치 아니하고, 일체 모든 선정의 문에 잘 들어가서 모든 삼매가 동일한 체성임을 안다.

혜   득리음성심심삼매   득아승지제삼
慧하며 得離音聲甚深三昧하며 得阿僧祇諸三

매문   증장무량광대비심
昧門하야 增長無量廣大悲心하나니라

시시   보살   어일념중   득무수백천삼매
是時에 菩薩이 於一念中에 得無數百千三昧일새

문여시성   심불혹란   영기삼매   점갱증
聞如是聲호대 心不惑亂하야 令其三昧로 漸更增

광
廣하니라

작여시념   아당영일체중생   안주무상
作如是念호대 我當令一切衆生으로 安住無上

청정념중   어일체지   득불퇴전   구경성
淸淨念中하야 於一切智에 得不退轉하야 究竟成

일체 법이 끝이 없음을 알며, 일체 법의 진실한 지혜를 얻으며, 음성을 여읜 매우 깊은 삼매를 얻으며, 아승지의 모든 삼매문을 얻어서 한량없이 넓은 대비심을 더욱 자라게 한다.

이때에 보살이 잠깐 동안에 수없는 백천 삼매를 얻어서, 이와 같은 음성을 들어도 마음이 미혹하거나 산란하지 않고 그 삼매로 하여금 점점 더욱 더 넓게 한다.

이와 같은 생각을 하기를 '내가 마땅히 일체중생으로 하여금 위없는 청정한 생각에 안주하여 일체지에서 퇴전치 아니하고 구경에 무여

취 무 여 열 반
就無餘涅槃이라하나니라

시 명 보 살 마 하 살　　제 오 이 치 란 행
是名菩薩摩訶薩의 **第五離癡亂行**이니라

열반을 성취케 하리라.' 고 한다.

　이것이 이름이 보살마하살의 다섯째 이치란

행이다.

불자　하등　위보살마하살　선현행
佛子야 何等이 爲菩薩摩訶薩의 善現行고

차보살　신업청정　　어업청정　　의업청
此菩薩이 身業淸淨하며 語業淸淨하며 意業淸

정　　주무소득　　시무소득신어의업
淨하며 住無所得하며 示無所得身語意業하나라

능지삼업　개무소유　　무허망고　무유계
能知三業이 皆無所有하며 無虛妄故로 無有繫

박　　범소시현　무성무의
縛하며 凡所示現이 無性無依니라

주여실심　　지무량심자성　지일체법자
住如實心하야 知無量心自性하고 知一切法自

불자들이여, 어떤 것이 보살마하살의 선현행인가?

이 보살이 몸으로 짓는 업이 청정하며, 말로 짓는 업이 청정하며, 뜻으로 짓는 업이 청정하여, 얻을 것 없는 데 머물러서 얻을 것 없는 몸과 말과 뜻의 업을 보인다.

삼업이 다 있는 바가 없어서 허망함이 없음을 아는 까닭으로 얽매임이 없으며, 무릇 나타내 보이는 것이 성품도 없고 의지함도 없다.

실제와 같은 마음에 머물러 한량없는 마음

성　무득무상　　심심난입　　주어정위진여
性이 無得無相하야 甚深難入하며 住於正位眞如

법성　　방편출생　　이무업보　　불생불
法性하야 方便出生호대 而無業報하야 不生不

멸
滅하니라

주열반계　　주적정성　　주어진실무성지
住涅槃界하고 住寂靜性하고 住於眞實無性之

성　　언어도단　　초제세간　　무유소의
性하야 言語道斷하니 超諸世間하야 無有所依하며

입리분별무박착법
入離分別無縛著法하나니라

입최승지진실지법　　입비제세간소능요지
入最勝智眞實之法하며 入非諸世間所能了知

출세간법
出世間法하나니라

의 자성을 알며, 일체 법의 자성을 알지만 얻은 것도 없고 형상도 없어서 매우 깊어 들어가기 어려우며, 바른 자리인 진여의 법성에 머물러 방편으로 출생하지만 업보가 없어서 나지도 않고 멸하지도 아니한다.

열반의 경계에 머무르고 적정한 성품에 머무르고 진실하여 성품이 없는 성품에 머무르며, 언어의 길이 끊어지고 모든 세간을 초월하여 의지하는 곳이 없으며, 분별을 여의어 속박이 없는 법에 들어갔다.

가장 수승한 지혜의 진실한 법에 들어갔으며, 모든 세간으로는 능히 알 수 없는 출세간

차시보살　선교방편　　시현생상
此是菩薩의 善巧方便으로 示現生相이니라

불자　차보살　작여시념　　일체중생　무
佛子야 此菩薩이 作如是念호대 一切衆生이 無

성위성　　일체제법　무위위성　　일체국토
性爲性이며 一切諸法이 無爲爲性이며 一切國土가

무상위상
無相爲相이니라

일체삼세　유유언설　　일체언설　어제법
一切三世가 唯有言說이며 一切言說이 於諸法

중　무유의처　일체제법　어언설중　역무
中에 無有依處며 一切諸法이 於言說中에 亦無

의처
依處라하나니라

법에 들어갔다.

이것이 보살의 교묘한 방편으로 시현하여 내
는 모습이다.

불자들이여, 이 보살이 이와 같은 생각을 하
기를 '일체 중생이 성품 없음으로 성품을 삼고,
일체 모든 법이 함이 없음으로 성품을 삼고,
일체 국토가 형상 없음으로 형상을 삼았다.

일체 삼세가 오직 말뿐이니, 일체 언설이 모
든 법 가운데 의지할 곳이 없고, 일체 모든 법
이 언설 가운데 또한 의지할 곳이 없다.' 라고
한다.

보살　　여시해일체법　　개실심심　　일체세
菩薩이 如是解一切法이 皆悉甚深하며 一切世

간　　개실적정　　일체불법　　무소증익　　불
間이 皆悉寂靜하며 一切佛法이 無所增益하며 佛

법　　불이세간법　　세간법　　불이불법　　불
法이 不異世間法하고 世間法이 不異佛法하며 佛

법세간법　　무유잡란　　역무차별　　요지법
法世間法이 無有雜亂하고 亦無差別하며 了知法

계　　체성평등　　보입삼세
界가 體性平等하야 普入三世하니라

영불사리대보리심　　항불퇴전화중생심
永不捨離大菩提心하며 恒不退轉化衆生心하며

전갱증장대자비심　　여일체중생　　작소
轉更增長大慈悲心하야 與一切衆生으로 作所

보살이 이와 같이 일체 법이 모두 다 매우 깊으며, 일체 세간이 모두 다 적정하며, 일체 불법이 더욱 더하는 바가 없으며, 불법이 세간법과 다르지 않으며, 세간법이 불법과 다르지 않으며, 불법과 세간법이 섞이어 어지럽지 아니하며, 또한 차별도 없음을 안다. 법계의 체성이 평등하여 삼세에 널리 들어감을 분명히 아는 것이다.

큰 보리심을 영원히 버리지 않으며, 중생을 교화하는 마음이 항상 퇴전하지 않으며, 큰 자비심을 점점 더 증장하여 일체 중생에게 의

의 처
依處니라

보살　이시　부작시념　　아불성숙중생
菩薩이 **爾時**에 **復作是念**호대 **我不成熟衆生**이면

수당성숙　　아불조복중생　　수당조복
誰當成熟이며 **我不調伏衆生**이면 **誰當調伏**이며

아불교화중생　　수당교화
我不敎化衆生이면 **誰當敎化**리오

아불각오중생　　수당각오　아불청정중생
我不覺悟衆生이면 **誰當覺悟**며 **我不清淨衆生**이면

수당청정　　차아소의　아소응작
誰當清淨이리오 **此我所宜**요 **我所應作**이라하니라

지할 곳이 된다.

보살이 이때에 다시 이 생각을 하기를 '내가 중생을 성숙시키지 않으면 누가 마땅히 성숙시키며, 내가 중생을 조복하지 않으면 누가 마땅히 조복하며, 내가 중생을 교화하지 않으면 누가 마땅히 교화하리오.

내가 중생을 깨우치지 않으면 누가 마땅히 깨우치며, 내가 중생을 청정케 하지 않으면 누가 마땅히 청정케 하리오. 이것은 나에게 알맞는 것이고, 내가 마땅히 해야 할 일이다.' 라고 한다.

부작시념　　약아자해차심심법　　유아일
復作是念호대　若我自解此甚深法인댄　唯我一

인　어아뇩다라삼먁삼보리　　독득해탈
人이　於阿耨多羅三藐三菩提에　獨得解脫이요

이제중생　맹명무목　　입대험도　　위제번
而諸衆生은　盲冥無目하야　入大險道하며　爲諸煩

뇌지소전박　　여중병인　　항수고통　　처
惱之所纏縛하며　如重病人하야　恒受苦痛하며　處

탐애옥　　불능자출　　불리지옥아귀축생
貪愛獄하야　不能自出하며　不離地獄餓鬼畜生

염라왕계　　불능멸고
閻羅王界하며　不能滅苦하니라

불사악업　　상처치암　　불견진실　　윤회
不捨惡業하며　常處癡闇하야　不見眞實하며　輪迴

생사　　무득출리　　주어팔난　　중구소
生死하야　無得出離하며　住於八難하야　衆垢所

다시 이 생각을 하기를 '만약 나 자신만 이 매우 깊은 법을 알면 오직 나 한 사람만이 아뇩다라삼먁삼보리에 홀로 해탈을 얻고, 모든 중생들은 캄캄하고 눈이 없어 큰 험난한 길에 들어가며, 모든 번뇌에 얽매인 바가 되어 중병에 걸린 사람처럼 항상 고통을 받으며, 탐애의 옥에 있어 능히 스스로 벗어나지 못하며, 지옥과 아귀와 축생과 염라왕 세계를 떠나지 못하여 고통을 능히 소멸하지 못하리라.

악업을 버리지 못하며, 항상 어리석음의 어두운 데 있어서 진실을 보지 못하며, 생사에 윤회하고 벗어날 수 없으며, 팔난에 머물러 온

착   종종번뇌   부장기심   사견소미   불
著이며 種種煩惱가 覆障其心하며 邪見所迷로 不

행정도
行正道니라

보살   여시관제중생   작시념언   약차중
菩薩이 如是觀諸衆生하고 作是念言호대 若此衆

생   미성숙미조복   사이취증아뇩다라
生이 未成熟未調伏이어늘 捨而取證阿耨多羅

삼먁삼보리   시소불응
三藐三菩提인댄 是所不應이니라

아당선화중생   어불가설불가설겁   행보살
我當先化衆生하야 於不可說不可說劫에 行菩薩

행   미성숙자   선령성숙   미조복자   선
行하야 未成熟者를 先令成熟하며 未調伏者를 先

갖 때에 물들며, 갖가지 번뇌가 그 마음을 덮
어 가려서 삿된 소견에 미혹한 바로 바른 도
를 행하지 못하리라.'고 한다.

　보살이 이와 같이 모든 중생들을 관찰하고는
이렇게 생각하여 말하기를 '만약 이 중생들이
아직 성숙되지 못하고 아직 조복되지 못하였는
데, 버려두고 아뇩다라삼먁삼보리를 증득한다
면 이것은 마땅하지 않은 것이다.

　내가 마땅히 먼저 중생들을 교화하면서 말할 수
없이 말할 수 없는 겁에 보살행을 행하되, 아직
성숙하지 못한 자를 먼저 성숙케 하고, 아직 조복

령 조 복
令調伏이라하나니라

시보살   주차행시   제천마범사문바라문
是菩薩이 住此行時에 諸天魔梵沙門婆羅門과

일체세간건달바아수라등   약유득견
一切世間乾闥婆阿脩羅等이 若有得見이어나

잠동주지   공경존중   승사공양   급
暫同住止어나 恭敬尊重이어나 承事供養이어나 及

잠이문   일경심자   여시소작   실부당
暫耳聞하야 一經心者라도 如是所作이 悉不唐

연   필정당성아뇩다라삼먁삼보리
捐하야 必定當成阿耨多羅三藐三菩提하나니라

시명보살마하살   제육선현행
是名菩薩摩訶薩의 第六善現行이니라

<大方廣佛華嚴經 卷第十九>

하지 못한 자를 먼저 조복케 하리라.' 고 한다.

이 보살이 이 행에 머물러 있을 때에 모든 천신과 마군과 범천과 사문과 바라문과, 일체 세간의 건달바와 아수라들이, 만약 만나보거나 잠깐이라도 함께 머물러 있거나 공경하고 존중하고 받들어 섬기고 공양올리거나 잠깐 귀로 듣거나 마음에 한번 스치기만 하여도, 이와 같은 일이 다 헛되지 아니하여 반드시 결정코 아뇩다라삼먁삼보리를 이룰 것이다.

이것이 이름이 보살마하살의 여섯째 선현행이다."

〈대방광불화엄경 제19권〉

大方廣佛華嚴經

부록

•

대방광불화엄경 목차

•

간행사

대방광불화엄경
목차

간 행 사

귀의삼보 하옵고,

『대방광불화엄경』의 수지 독송과 유통을 발원하면서 수미정사 불전연구원에서 『독송본 한문·한글역 대방광불화엄경』과 『사경본 한글역 대방광불화엄경』을 편찬하여 간행하게 되었습니다.

『화엄경』은 우리나라에 전래된 이래 일찍부터 사경되고 주석·강설되어 왔으며 근현대에 이르러서는 『화엄경』의 한글 번역과 연구도 부쩍 많이 이루어졌습니다. 그만큼 『화엄경』이 우리 불자님들의 신행과 해탈에 큰 의지처가 되었던 것임을 알 수 있습니다.

『화엄경』을 독송하고 사경하는 공덕은 설법 공덕과 함께 크게 강조되어 왔습니다. 그리하여 수미정사 불전연구원에서도 『화엄경』(80권)을 독송하고 사경하는 데 도움이 되도록 한문 원문과 한글역을 함께 수록한 독송본과 한글역의 사경본 『화엄경』 간행불사를 발원하였습니다. 이 『화엄경』 간행불사에 뜻을 같이하여 적극 후원해주신 스님들과 재가 불자님들께 깊이 감사드립니다. 또한 『화엄경』을 수지 독송할 수 있도록 경책의 모습으로 장엄해 주신 편집위원들과 담앤북스 출판사 관계자들께도 고마움을 표합니다.

끝으로 이 불사의 원만 회향으로 『화엄경』이 널리 유통되고, 온 법계에 부처님의 가피가 충만하시길 기원드립니다.

나무 대방광불화엄경

불기 2564년 '부처님오신날'을 봉축하며
수미해주 합장

위태천신(동진보살)

수미해주 須彌海住

동국대학교 명예교수
중앙승가대학교 법인이사
대한불교조계종 수미정사 주지

독송본 한문·한글역
대방광불화엄경 제19권

| **초판 1쇄 발행_** 2021년 10월 24일

| **엮은이_** 수미해주
| **엮은곳_** 수미정사 불전연구원
| **편집위원_** 해주 수정 경진 선초 정천 석도 박보람 최원섭
| **편집보_** 무이 무진 지욱 김지예

| **펴낸이_** 오세룡
| **펴낸곳_** 담앤북스
　　　　　서울특별시 종로구 새문안로3길 23 경희궁의 아침 4단지 805호
　　　　　대표전화 02)765-1251　전자우편 damnbooks@hanmail.net
　　　　　출판등록 제300-2011-115호
| **ISBN_**　979-11-6201-328-1　04220

정가 15,000원
ⓒ 수미해주 2021